Relações Literárias e Culturais
entre Rússia e Brasil
nos Séculos XVIII e XIX

9788527305334

Coleção ELOS
Dirigida por J. Guinsburg

Equipe de realização — Tradução: Victória Namestnikov El Murr; Cotejo: Euri Edson Pereira; Revisão e Produção: Plinio Martins Filho; Programação visual: A. Lizárraga.

Leonid A. Shur

Relações Literárias e Culturais entre Rússia e Brasil nos Séculos XVIII e XIX

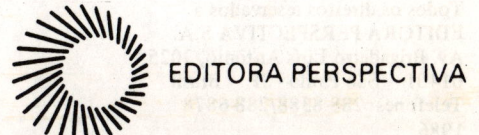

EDITORA PERSPECTIVA

Copyright © Editora Perspectiva S.A

Elos 32

Todos os direitos reservados à
EDITORA PERSPECTIVA S.A.
Av. Brigadeiro Luís Antônio, 3025
01401 – São Paulo - SP – Brasil
Telefones: 288-8388/288-6878
1986

*À saudosa memória
de M. P. Alexéiev*

SUMÁRIO

Introdução 7
Capítulo 1 13
Capítulo 2 23
Capítulo 3 45
Capítulo 4 61
Capítulo 5 77

INTRODUÇÃO

O pequeno livro, ora oferecido aos leitores, origina-se de duas pesquisas elaboradas e publicadas em 1963 e 1966[1]. Utilizaram-se, além disso, outros materiais e trabalhos do autor[2].

1. L. A. SHUR: a) "Kultúrnie i literatúrnie sviázi Rossíi i Brasílii v XVIII-XIX vv." (Relações Literárias e Culturais entre Rússia e o Brasil, nos Séculos XVIII e XIX), in *Brazília (Brasil)* (coletânea de artigos). Moscou, 1963, pp. 473-512; b) "Statiá o brasílskoi literatúre v almanakhe *Cíntia* (Iz istórii rusko-latinoamerikánskikh litiraturnik otnochéni)" ("Artigo sobre a Literatura Brasileira do Almanaque *Cíntia* (Da História das Relações Literárias Russo-latino-americanas)", in *Rússko evropéiskie literatúrnie sviási. Sbórnik Statéi k 70-létiu so dniá rojdénia akademika M. P. Alexéieva. (Relações literárias russo-européias. Coletânea de Artigos em Homenagem ao 70.º Aniversário do Acadêmico M. P. Alexéiev)*. Moscou, Leningrado, 1966, pp. 149-156.

2. L. A. SHUR: a) "Ob osnovnikh períodakh istórii rusko-latinoamerikánskikh literatúrnikh sviázei. (Problema rasprostranénia i vospriiátia latino-amerikánskikh literatur v Rossii v XVIII-XIX vv)". (Sobre os períodos básicos das relações literárias russo-latino-americanas. [Problema de difusão e assimilação das literaturas latino-americanas na Rússia dos séculos XVIII e XIX], in *Izviéstia AN SSSR.*

Quando, por volta de 1955, se iniciou o estudo das relações literárias russo-brasileiras, em particular, e das latino-americanas, em geral, havia-se formado a idéia de que nos séculos XVIII e XIX a literatura brasileira era desconhecida para os leitores russos e que as relações literárias, entre a Rússia e o Brasil, ter-se-iam estabelecido há pouco tempo relativamente, ou seja, apenas no século XX. O acadêmico M. P. Alexéiev, cientista soviético de fama mundial, grande especialista em literatura comparada, diz:

> Até há pouco acreditava-se que, no passado, as literaturas da América Latina eram mal conhecidas do leitor russo, que eram tão estranhas aos seus interesses como uma planta exótica do continente longínquo. Estes países eram conhecidos entre nós sobretudo a partir de romances estrangeiros de aventura ou de livros que falavam das viagens ao redor do mundo. O exotismo independente de uma realidade estranha e a ênfase dada à realidade decorativa tropical, pareciam ser a única coisa a definir a conceituação desses países, reunidos numa só mancha colorida, indivisível, repleta de convenções e estranhezas[3].

Na década de 50, quando o autor apenas iniciava suas buscas e pesquisas nesta área, não existiam trabalhos científicos, russos ou estrangeiros, que se preocupassem com a aná-

Otdelénie Literatúri i iaziká. (Boletim da Academia de Ciências da URSS. Secção de Língua e Literatura), 1961, t. XX, 4 ed., pp. 332-335; b) "Latinoamerikánskie literaturi v Rossíi v natchále XIX v", in *Mejdunaródnie sviázi rússkoi literatúri (Literaturas Latino-americanas na Rússia, no Início do Século XIX*", in *Relações Internacionais da Literatura Russa)* (coletânea de artigos). Moscou-Leningrado, 1963, pp. 175-191 e outras.

3. M. P. ALEXÉIEV, Introdução, *in* L. A. SHUR, *Khudójestvennaia literatura Latínskoi Amériki v Rússkoi petcháti. Annotírovannaia bibliográfia rússkikh perevódov i krittícheskoi literatúri na rússkom iaziké (A Literatura Latino-americana na Imprensa Russa. Bibliografia Comentada das Traduções Russas e da Literatura Crítica em Língua Russa) (1765-1959)*, Moscou, 1960, p. 5.

lise dos problemas de difusão e assimilação da literatura brasileira, ou de outros países latino-americanos, na Rússia, no decorrer dos séculos XVIII e XIX. A única pesquisa sobre este tema, referente a uma questão de grande importância, mas de pequena dimensão no que diz respeito aos parâmetros cronológicos, é o artigo de M. P. Alexéiev: "Púchkin e um Poeta Brasileiro", publicado em 1947[4]. Por isso foi necessário levar a efeito um grande trabalho preliminar: organizar uma bibliografia das traduções, para o russo, de obras de autores brasileiros; dos trabalhos críticos, referentes à literatura brasileira; destacar os "temas brasileiros" na literatura russa dos séculos XVIII e XIX, bem como fazer levantamento em vários arquivos. Como resultado destes trabalhos, em 1960, veio à luz o livro intitulado *Khudójestvennaia literatura Latínskoi Amériki v Rússkoi Petcháti (1765-1959) – (A Literatura Latino-americana na Imprensa Russa (1765--1959)*. Esta bibliografia permitiu afirmar que as relações literárias russo-brasileiras e russo-latino-americanas têm uma longa história que se inicia no século XVIII. A bibliografia evidenciou que a familiarização dos leitores russos com a literatura brasileira, ao longo dos dois últimos séculos, foi "mais prolongada, mais ampla, mais séria e mais significativa do que se costumava pensar"[5].

Na década de 60, o autor publicou uma série de trabalhos referentes a diversos aspectos das relações literárias russo-brasileiras. Tentava buscar, antes de mais nada, os canais

---

4. M. P. ALEXÉIEV, "Púchkin e um Poeta Brasileiro", *Naútchni Buleten LGU, (Boletim Científico da Universidade Estatal de Leningrado)*, 1947, n.º 14-15, pp. 54-61.

5. M. P. ALEXÉIEV, "Introdução", *in* L. A. SHUR, *A Literatura Latino-americana na Imprensa Russa. Bibliografia Comentada das Traduções Russas e da Literatura Crítica em Língua Russa (1765--1959)*, Moscou, 1960, p. 6.

de penetração, na Rússia, das notícias sobre literatura e cultura brasileiras. Tentava explicar, também, o que definia o caráter de assimilação da literatura brasileira no decorrer dos séculos XVIII e XIX. O balanço destes trabalhos foi apresentado na dissertação *Iz istórii literatúrnikh sviiazei Rossíi i Latínskoi Amériki. Latinoamerikánskie literatúri v Rossíi v XIX v*[6]. *(Da História das Relações Literárias entre a Rússia e a América Latina. As Literaturas Latino-americanas na Rússia do Século XIX)*.

Infelizmente todas essas pesquisas ficaram quase desconhecidas no Brasil. Apenas um artigo do autor, "Origem das Relações Literárias Russo-brasileiras" foi publicado, em tradução para o português, no Rio de Janeiro, em 1963[7].

É evidente que o livro ora apresentado não pretenda esgotar as pesquisas concernentes às relações literárias e culturais entre a Rússia e o Brasil, no decorrer dos dois últimos séculos. Aqui se abordam apenas os momentos básicos da história da difusão e da assimilação da literatura brasileira na Rússia dos séculos XVIII e XIX. O estudo de outra parte dessa problemática, ou seja, a história e a assimilação da literatura russa no Brasil, no século XIX, provavelmente será empreendida, em breve, por estudiosos da literatura brasileira. Já foram dados os primeiros passos nesse sentido. O Prof. Boris Schnaiderman, da Universidade de São Paulo, referiu-se a este tema em alguns de seus trabalhos. É dele o artigo sobre a tradução feita por Olavo Bilac de uma das poesias de Púchkin; outros artigos seus estão dedicados a

---

6. L. A. SHUR, *Da História das Relações Literárias entre a Rússia e a América Latina. As Literaturas Latino-americanas na Rússia do Século XIX*, Leningrado, 1963, p. 22.

7. L. A. SHUR, Origem das Relações Literárias Russo-brasileiras, *Leitura*, n. 69, Rio de Janeiro, mar. 1963.

Púchkin, como tradutor de T. A. Gonzaga bem como a diferentes enfoques das relações literárias entre o Brasil e a Rússia[8].

Esperamos que o presente livro ajude os leitores brasileiros a familiarizarem-se com a história das relações literárias russo-brasileiras, nos séculos XVIII e XIX.

Para finalizar, o autor deseja exprimir seu profundo reconhecimento ao acadêmico M. P. Alexéiev, pela constante atenção e ajuda recebidas na pesquisa do tema desse trabalho, no período de 1957-1971, e registrar seu agradecimento ao Prof. Dr. Boris Schnaiderman; à tradutora do livro, Profa. Dra. Victória Namestnikov El Murr; assim como a todos os amigos do Brasil que contribuíram para a edição deste livro.

Leonid A. Shur

---

8. BORIS SCHNAIDERMAN: a) Incompreensão Mútua, *O Estado de São Paulo*, 1960, 5/XI; b) Púchkin, Tradutor de Gonzaga, *O Estado de São Paulo*, 1962, 16/VI; c) Caminhos da Compreensão, *O Estado de São Paulo*, 1962, 7/VII; d) Vicissitudes de um Poema, *O Estado de São Paulo*, 1967, 11/II; Machado de Assis. Dom Casmurro (tradução russa), *Revista do Instituto de Estudos Brasileiros*, 1968, n. 3, pp. 139-142. Grande parte destes artigos foi incluída no livro de BORIS SCHNAIDERMAN, *Projeções: Rússia/Brasil/Itália*, São Paulo, Ed. Perspectiva, 1978 [Elos 12].

CAPÍTULO 1

As primeiras referências sobre a América, nas fontes russas, datam do século XVI[1].

A partir das primeiras décadas do século XVIII amplia-se, na Rússia, o interesse para com a América Portuguesa e Espanhola, o que encontra amplo reflexo nas páginas da imprensa russa da época[2].

Já no reinado de Pedro, o Grande, numa série de obras geográficas, traduzidas, falava-se do Brasil. Assim, por exem-

1. N. LAZAREV, Pérviie svédenia rússkikh o Nóvom Svéte (Primeiras Notícias Russas sobre o Novo Mundo), *Istorítcheski jurnal (Revista Histórica)* n. 1, 1943, p. 72; N. A. KAZAROVA, L. G. KATUCHKINA, "Pérvoie izvéstie drevnerússkoi písmennosti o putechsétvii Maguellana" (Primeira Notícia da Antiga Literatura Russa sobre a Viagem de Magalhães), *in Izvéstie Vsessoiúznovo Geografítcheskovo óbchtestva (Anais da sociedade geográfica da União)*, 1969, t. 101, n. 3.

2. L. A. SHUR, "Ispánskaia i Portugálskaia América v rússkoi petcháti XVIII – pérvoi tchétverti XIX véca" (América Espanhola e Portuguesa na Imprensa Russa do Século XVIII – Primeiro Quartil do século XIX), *in Latínskaia América v próchlom i nastoiáchtchem (A América Latina no Passado e no Presente)*, M., 1960, pp. 341-345.

plo, em *Geográfia íli krátkoie zemnovo kruga opissánie (Geografia ou Breve Descrição do Globo Terrestre)* descreviam-se as possessões espanholas e portuguesas da América, constituídas pela "Nova Espanha, Flórida, Peru, Chile e Brasil"[3]. Artigos sobre colônias portuguesas, na América, surgiam com relativa frequência, também na imprensa periódica russa do século XVIII. Davam muitas informações sobre a situação geográgica, a economia, o comércio e a população do Brasil. Alguns exprimiam a idéia de quão onerosos eram os métodos da administração colonial portuguesa, na América.

Os redatores dos jornais e revistas russos que não possuíam fontes próprias de informação sobre o Brasil, geralmente, tiravam estes materiais de edições periódicas alemãs, holandesas, francesas e inglesas.

Uma das primeiras notícias sobre o Brasil, na imprensa periódica russa, refere-se ao ano de 1729, quando nas *Primitchánia k San Piterburgskim Védomostiam (Notas ao Jornal de São Petersburgo)* apareceu uma notícia "Sobre os desentendimentos do capitão inglês Norris com um navio mercante espanhol, e sobre a Bahia de Todos Los Santos":

... O Brasil todo, enquanto pertence aos portugueses, acha-se dividido em quatroze capitanias ou administrações territoriais... A *Bahia de Todos los Santos* tanto por causa dos lugares cômodos, quanto, devido aos grandes mercados... é a mais famosa de todas... Próxima desta baía encontra-se a cidade de São Salvador que constitui a cidade principal da referida Capitania, assim como de todo o Brasil... A dita cidade é grande, bem construída e bastante povoada... Dez graus além, encontra-se a *Capitania do Rio de Janeiro*[4].

3. T. A. BÍKOVA, M. M. GURÉVITCH, *Opissánie izdánii grajdánskoi petcháti (Descrição das Edições da Imprensa Civil) (1708-1725)*. M. – L., 1955, p. 108.

4. *Primitchánia k San Piterburgskim Védomostiam (Notas ao Jornal de São Petersburgo)*, 26.VII.1729, parte 59, pp. 235-236.

O interesse para com o Brasil, assim como para com outras colônias das potências européias na América, aumenta, consideravelmente, na imprensa russa, no final da década de 70, início da de 80. O fato está relacionado com a luta pela independência das colônias inglesas na América. Os iluministas russos estavam tentando familiarizar-se, conscientemente, com a experiência da guerra revolucionária na América do Norte, nos anos de 1775-1783. N. I. Nóvikov, nas suas edições, esclarecia, compreensiva e minuciosamente, os acontecimentos e as idéias da revolução americana. Muito espaço nos jornais e revistas de N. I. Nóvikov era dedicado, também às colônias das potências européias na América do Sul. Em 1783, no *Pribavlénia k Moskóvskim Védomostiam (Suplemento ao Jornal de Moscou)* foram introduzidas análises minuciosas das colônias portuguesas e espanholas, na América. No artigo "Vladénia portugáltzev v Amérike" (As Possessões Portuguesas na América) dizia-se que ali os portugueses possuíam o Brasil, assim como parte das Guianas e do Paraguai...[5]. Sublinhava que a base da economia brasileira estava no trabalho escravo dos negros trazidos da África:

Anualmente, chegam ao Brasil, cerca de 150 000 negros que em nenhum outro lugar são tão maltratados[6].

No século XVIII, pela primeira vez, são publicadas traduções cujos temas estão relacionados com o Brasil. As obras traduzidas e originais sobre o "tema brasileiro" constituem a única forma de relacionamento literário russo-brasileiro do século XVIII, praticamente, até a década de 20. Convém frisar que durante este século e até o início do XIX,

5. *Pribavlénie k Moskóvskim Védomostiam (Suplemento ao Jornal de Moscou)*, n. 73, 1783, p. 285.
6 *Idem*, p. 287.

as obras traduzidas (...), no entender dos seus autores e na aceitação dos contemporâneos, eram consideradas equivalentes às originais, faziam parte da literatura russa... A tradução, nessas primeiras etapas era, ao mesmo tempo, assimilação e, por assim dizer, "apropriação" da obra estrangeira pela literatura russa[7].

Ao mesmo tempo, as traduções sobre "temas brasileiros", surgidas no decorrer do século XVIII e nas primeiras décadas do XIX, em certa medida faziam parte do processo histórico-literário russo.

O primeiro romance traduzido que de certa forma permitiu aos leitores russos familiarizarem-se com o Brasil foi o célebre livro de Daniel Defoe, *Vida e Aventuras de Robinson Crusoé*. Sua primeira edição, em russo, data de 1762, tendo sido muito reeditado[8]. Como é do conhecimento de todos, depois de fugir da Argélia, onde se encontrava prisioneiro, chegou a São Salvador, então, capital do Brasil. O capitão que salvou Robinson, apresentou-o a um fazendeiro amigo, "proprietário de engenho, isto é, Usina de açúcar"[9]. Robinson, "vivendo em sua casa, aprendeu a fazer açúcar. Vendo a vida tranqüila dos proprietários de engenho e seu enriquecimento rápido, pretendia, radicando-se no Brasil, viver segundo o seu modelo..."[10].

7. Iu. D. LÉVIN, "Vzaimosviázi literatúr i istória perevoda" (Relações entre as Literaturas e a História da Tradução), *in Vzaimosviázi i vzaimodéistvie natzionálnikh literatur. Materiáli discússii. (Relações e Influências entre as Literaturas Nacionais. Matéria de Debate).* M., 1961, p. 307.

8. *Jizn i prikliutchénie Robinsona Krusa, priródnovo anglitchánina (Vida e Aventuras de Robinson Crusoé, Inglês de Nascimento).* Defoe. Tradução do francês de Ia. Trussov, parte 1-2, São Petersburgo, 1762-1764; 2. ed., 1775; 3. ed., 1787; 4. ed., 1797.

9. *Vida e Aventuras de Robinson Crusoé...* 3. ed., parte I, São Petersburgo, 1787, pp. 35-36.

10. *Idem*, p. 36.

Robinson adquiriu uma plantação, comprou um negro escravo e, finalmente, concordou com as propostas dos vizinhos, cultivadores de cana, partindo, numa embarcação por eles preparada, para a Guiné, em busca de escravos negros. Assim, o Brasil com a sua natureza tropical, plantações de cana, escravos negros, surge na literatura russa ainda na década de 1760.

As memórias da época testemunham que a história da vida de Robinson, na ilha desabitada "nas costas da América, próximo da desembocadura do grande Rio Orenoco", onde transcorre a maior parte do romance, tinha enorme popularidade entre os leitores russos do século XVIII. M. Dmítriev diz, nas suas recordações:

> Nas aldeias, todos aqueles que gostavam de leitura, e que tinham possibilidade, constituíam uma biblioteca pequena mas completa. Havia alguns livros considerados indispensáveis para estas bibliotecas, sendo encontrados em todas. Eram relidos várias vezes pela família inteira... Por exemplo, em cada biblioteca aldeã, encontrava-se, impreterivelmente: *Telêmaco, Gil Blas, Dom Quixote, Robinson Crusoé*... [11]

No século XVIII, além de algumas reedições de *Robinson Crusoé*, surgiram numerosos romances traduzidos, imitações desta famosa obra de Daniel Defoe. Familiarizavam os leitores russos com a natureza da América do Sul, com os costumes dos índios etc. Um destes livros falava da aventura de Jossef Müller "nas costas brasileiras da América" [12].

---

11. M. A. DMÍTRIEV, *Mélotchi iz zapassa moiéi pámiati. (Minúcias do Depósito da Minha Memória).* M., 1869, p. 47; vide também V. V. SIPÓVSKI, *Ótcherki iz istórii rússkovo romana. (Ensaios da História do Romance Russo)*, t. I, 2. ed., São Petersburgo, 1910, p. 888.

12. *Steiérski Robinson, ili putechéstvie i ossóbennie dostopámiatnie prikliutchénia Ióssifa Millera na Brasílskikh beregákh Amériki. (Robinson de Steyer ou as Aventuras Especialmente Dignas de Notas Vividas por Jossef Müller nas Costas do Brasil.)* Tradução do alemão. M., 1794.

O herói do romance, originário da Alemanha Meridional, depois de longas viagens pela Europa, a serviço de vários senhores, chega às possessões holandesas, em Java, e vive alguns anos na Batávia. Depois de seu aventuroso regresso para a Europa parte, novamente, chegando à África, de onde sai, com dificuldade, numa embarcação inglesa. Durante sua viagem à pátria, perde-se, numa ilha desabitada, nas proximidades da América, e o navio sai sem ele. Entretanto, os companheiros deixam-lhe um caixote com vários objetos, alimentos, pólvora, munição etc. A obra continua com a exposição do romance de Defoe, com algumas variações. Por exemplo, Robinson salva Sexta-Feira das garras dos antropófagos, enquanto que o herói do romance salva o marujo Anderson; Robinson chega à pátria num navio inglês, o herói do romance de Jossef Müller, a princípio transfere-se para o continente num barco, uma vez que "conclui, a partir da cana-de-açúcar a flutuar na água que as costas brasileiras estão próximas daquela ilha que, sem dúvida, lhe pertencem"[13]. Müller sabia que "os portugueses praticavam aí um grande comércio e tinham esperanças na passagem de um navio deles"[14]. O herói vive mais de três anos nas costas do Brasil, junto a um grupo indígena. Os nativos tratam-no com honras de divindade, dão-lhe a filha do chefe em casamento etc. Jossef Müller participa de choques com grupos indígenas inimigos, tenta introduzir o cristianismo entre os "selvagens" e, depois, parte para a Europa num navio francês.

13. *Idem*, p. 313.
14. *Idem, ibidem.*

Além de outras obras, o mesmo caráter tinha o livro *Aventuras de um Americano Selvagem*[15], que transcorria parcialmente, em São Salvador (Brasil).

Desta maneira, ainda no século XVIII, na consciência do leitor russo formava-se, paulatinamente, a imagem romântica do distante Brasil, país exótico, habitado por índios corajosos e nobres, dominados pelos cruéis portugueses. Os conquistadores instituíram as plantações e trouxeram uma infinidade de escravos negros.

No início do século XIX, o tema "latino-americano", que incluía o "brasileiro", recebe grande reflexo nas obras escritas pelos membros da Sociedade Livre dos Amantes das Letras, das Ciências e das Artes, que se fundara em Petersburgo, em 1801, e se transformara no centro de difusão das idéias de Radíchtchev[16]. As inclinações dos escritores da vanguarda, membros da Sociedade Livre, contrários à servidão, explicam-nos seus elevados interesses para com a luta libertadora nos países escravagistas, inclusive nas colônias portuguesas da América que se associavam, na consciência dos leitores russos, com a realidade servil.

O tema da escravidão, do cativeiro, relacionado geograficamente, em primeiro lugar, com as colônias da Espanha e de Portugal, historicamente, reporta-se ainda a M. V. Lomonóssov que, na "Carta sobre as Vantagens do Vidro" (1752) mostrou um amplo panorama das crueldades praticadas

---

15. *Pokhojdénia díkovo amerikantza (Aventuras de um Americano Selvagem)*. Tradução de I. Bogaiévski. São Petersburgo, 1773; 2. ed., M., 1779.

16. V. ORLÓV, *Rússkie prosvetíteli 1790-1800-kh godóv (Os Iluministas Russos de 1790-1800)*, M., 1953.

pelos colonizadores europeus nas colônias. Radíchtchev, no *Putiechéstvie iz Peterburga v Moscvïi (Viagem de Petersburgo a Moscou)* (no capítulo "Khotílov"), pintou um quadro vivo da conquista da América:

> Os ferozes europeus pregando a paz em nome da verdade de Deus, profeta da humildade e da fraternidade, inculcam às terríveis raízes da matança dos conquistadores o assassínio, a sangue frio, pela escravidão e pela compra de escravos[17].

Os escritores, membros da Sociedade Livre, continuavam estas tradições e aproveitavam o tema da escravidão dos negros na América para desmascarar a realidade servil russa.

I. P. Pânin comparava o jugo dos servos camponeses com a situação dos escravos negros. No livro de S. Bobróv, *Rassvét Pólnotchi (O Amanhecer da Meia-Noite)*, no qual o poeta intercede pelos negros condenados ao trabalho forçado nas plantações de cana, na América[18], foi introduzido o poema "Prótiv Sákhara" ("Contra o Açúcar). V. V. Papugáiev, na crônica *Négr (O Negro)*[19] frisa a coragem, a nobreza e a bondade dos negros.

Mais tarde, os decembristas aproveitaram o "tema do negro" com a mesma finalidade. Assim, V. F. Raiévski escreveu uma poesia "Plátch Negra" ("O Choro do Negro")[20]. Não é difícil reconhecer, no negro, o servo russo. Um ano antes do levante dos decembristas, A. V. Lotzmánov, escre-

---

17. A. N. RADÍCHTCHEV, *Pólnoie sobránie sotchinénii (Obras Completas)*, t. I, M., 1938, pp. 316-317.

18. V. ORLÓV, *Op. cit.*, pp. 298-299, 529.

19. *Periodítcheskoie izdánie (Edição Periódica)*, 1804, parte I, pp. 43-47. No subtítulo dizia-se: "Tradução do Espanhol".

20. V. RAIÉVSKI, *Stikhotvorénia (Poesias)*, Leningrado, 1952, pp. 63-64.

veu a novela: *O Negro ou a Liberdade Reconquistada*. Segundo ele, escolheu como tema de sua novela a escravidão dos negros, "achando sua situação próxima da deles"[21]. O autor pretendia que sua novela se transformasse na apoteose da liberdade: no final, o herói conquista-a para os seus compatriotas.

Todas estas obras não podem ser chamadas, *strictu sensu*, de "tema brasileiro". Sua ação se desenrola, de modo geral, em algum lugar da América Espanhola ou Portuguesa. Mas, nesta mesma época, aparecem na literatura russa, obras cuja ação transcorre no Brasil. Em 1805, na revista *Véstnik Evrópi (Noticiário da Europa)*, aparece o conto "Gueróiskaia rechítelnost negra" (A Perseverança Heróica de um Negro)[22]. Narra a história de um negro brasileiro, que durante longos anos economizara dinheiro para comprar a liberdade da mulher e dos filhos. Mas o fazendeiro tira-lhe o capital e "manda castigá-lo em sua presença, dando vazão a toda sua crueldade"[23]. Para livrar os entes queridos "das mãos do monstro", Ganno mata a mulher e os filhos.

Assim, o tema do escravo negro não desaparecia nem da literatura, nem do jornalismo, alimentando-se com as raízes da realidade russa, com o ódio da vanguarda para com o poder servil.

---

21. L. A. KOGAN, *Iz istórii naródnovo svobodomíslia v Rossíi natchala XIX v. (Délo Lotzmánova)*, *Véstnik istórii mirovói cultúri* (Da História do Pensamento Popular Livre Russo, do Início do Século XIX. (Caso de Lotmánov), *Revista da História da Cultura Mundial)*, 1961, n. 3, p. 110.

22. *Véstnik Evrópi (Noticiário da Europa)*, 1805, parte 24, n. 24, pp. 241-246.

23. *Idem*, p. 244.

CAPÍTULO 2

Depois do início da luta pela Independência da América Espanhola (1810-1826) aumenta, na Rússia, o interesse para com os países da América Latina, inclusive pelo Brasil. O movimento libertador dos povos da América, contra o jugo colonialista espanhol e português, teve grandes reflexos na Rússia.

No início do século XIX estabelecem-se relações diretas entre a Rússia e o Brasil. Numerosos viajantes russos visitam o distante país, situado além do oceano, que passa a merecer atenção especial da sociedade russa depois de 1808 quando, fugindo dos exércitos napoleônicos, o príncipe regente de Portugal (a partir de 1816, coroado Rei Dom João VI), acompanhado pela Corte, pela alta nobreza e por parte do exército, fugiu para o Brasil. Rápido crescia o movimento pela independência, fortalecido pelas influências do movimento revolucionário da América Espanhola. Em 1822, sob grande pressão popular, foi proclamada a Independência do Brasil. Em 1824, o Imperador Pedro outorgou uma constituição ao país.

Um interesse especial, para com o Brasil, demonstraram, nesta época, os decembristas que acompanhavam com atenção os acontecimentos revolucionários do Novo Mundo. N. I. Turguêniev registrou em seu diário, no dia 25 de junho de 1817: "As notícias políticas conservam a sua variedade. O mundo não está nada tranqüilo. Levantes no Brasil[1], conspirações em Portugal..."[2]. Em 25 de setembro de 1820: "Ontem não permitiram a entrada de um número do jornal de Hamburgo... Dizem que na Bahia, no Brasil, ocorreu também uma revolução *à l'eau de rose*. Nenhum correio passa sem revolução. A cada notícia, uma revolução"[3]. Em 22 de maio de 1821: "No Rio de Janeiro, o rei adotou a constituição portuguesa"[4].

Em 4 de dezembro de 1820, P. A. Viázemski que se encontrava próximo aos decembristas, na década de vinte, escreve à A. I. Turguêniev: "Falam de uma rebelião no Brasil e de uma contra-revolução em Lisboa"[5].

O movimento libertador brasileiro era um dos fatores do "espírito da época" que, no dizer de P. I. Pestel, "familiarizaram os espíritos com as revoluções" do primeiro quartel do século XIX e "geraram pensamentos e modos de ação revolucionários, enraizando-os nas mentes"[6] da juventude russa, amante da liberdade.

1. N. I. TURGUÊNIEV, ao que tudo indica, tinha em mente a revolta republicana de 1817.

2. *Arquivo dos Irmãos Turguêniev*, Petrogrado, 1921, p. 38, 5. ed.

3. *Idem*, p. 241.

4. *Idem*, p. 267.

5. *Arquivo de Ostáfiev dos Príncipes Viazémski*, São Petersburgo, 1899, p. 113, t. II.

6. *Vostánie Dekabrístov (A Revolta Decembrista)*, M.-L., 1927, t. IV, p. 105.

Os decembristas D. I. Zavalíchin, F. G. Vichnióvski, K. P. Torson, V. K. Küchelbecker e V. P. Románov entraram em contato com o Brasil no decorrer das viagens de circunavegação e foram testemunhas do movimento libertador. "Visitamos o Brasil inebriado pelos movimentos libertadores", anotou D. I. Zavalíchin[7]. Ele próprio, tendo conhecido muitos brasileiros, em 1822, durante a permanência do "Kreisser" no Rio de Janeiro, em casa de Kilkhen, vice-cônsul da Rússia, notava a complexidade e as contradições do movimento libertador, no Brasil. Zavalíchin diz:

> O movimento que fez nascer a separação de Portugal tinha raízes duplas: a busca da independência e o desejo de instituições livres... O partido mais forte e mais unido era aquele que ansiava apenas pela Independência, sem se preocupar nem com as instituições políticas nem com as sociais; a ele pertenciam todos os proprietários de escravos[8].

Os decembristas tentavam extrair, da prática da luta pela independência da América, lições indispensáveis para eles; interessavam-nos as reformas estatais levadas a efeito nestes países. K. F. Riléiev e N. A. Bestujev, estavam familiarizados com a constituição do Brasil[9].

As fontes mais preciosas de informação sobre a situação da América do Sul eram constituídas por artigos, notas de viagem, livros, bem como relatos orais de numerosos marinheiros russos, testemunhas oculares dos acontecimentos no Brasil. Nas primeiras décadas do século XIX, as expedi-

---

7. *Idem*, t. III, p. 228.
8. *Moscóvskie Védomosti (Jornal de Moscou)*, n. 14, I, 1884, p. 5.
9. V. I. SÉMEVSKI, *Polittícheskie i obchtéchstvennlie idéii decabrístov (Idéias Políticas e Sociais dos Decembristas)*, São Petersburgo, 1909, p. 250.

ções russas ao redor do mundo visitavam a América do Sul quase anualmente. Na primeira metade do século XIX foram levadas a efeito 35 destas expedições, das quais 27 nos primeiros trinta anos do século[10].

Nos seus livros e notas de viagem, os marinheiros russos chamam a atenção, em primeiro lugar, para o contraste surpreendente apresentado pela natureza maravilhosa do Brasil frente à miséria e ao embrutecimento de seus habitantes, sobretudo dos negros, cuja escravização todos abordam com terrível fúria. Entre os participantes das viagens russas de circunavegação havia pintores que deixaram desenhos de paisagens, de habitantes etc.

Os viajantes russos estiveram no Brasil, pela primeira vez, em 1803, quando os navios "Nadéjda" e "Nevá", da expedição de Krusenstern, ancoraram junto à Ilha de Santa Catarina. Os oficiais M. Ratmánov e F. Romberg, nas páginas do *Noticiário da Europa*, editado por Karámzin, contaram as maravilhas ali encontradas.

M. Ratmánov escreve: "O Brasil é o verdadeiro paraíso terrestre"[11]. F. Romberg diz com entusiasmo, na sua "revista":

... Tudo fascina os sentidos: florestas de árvores frutíferas, uma infinidade de flores, canteiros de ananases, odores aromáticos, uma infinidade de papagaios coloridos, colibris e outros pássaros bonitos; tudo isso é maravilhoso... Escrevo ao senhor de uma cabana que meu amigo, Conde Tolstói, alugou nas proximidades da localidade de São Miguel, na costa continental do Brasil. Vejo ao meu redor fofos limoei-

10. N. N. ZÚBOV, *Otétchestvinnie moreplávateli – isslédovateli moréi i okeánov (Navegantes Russos – Exploradores dos Mares e Oceanos)*, Moscou, 1954, pp. 446-450.

11. "Písma rússkikh putechéstvennikov iz Brazílii, k gospódam N. N.", *in Véstnik Évropi* ("Cartas de Viajantes Russos, do Brasil para os Senhores N. N.", *in Noticiário da Europa*), 1804, parte 16, p. 268.

ros, coqueiros nus, bananeiras encurvadas por causa do peso dos frutos, belas palmeiras, cafeeiros, as flores amarelas do algodão e as folhas espinhudas de onde se extrai a preciosa tinta cochonilha. Como pode um habitante do hemisfério norte ficar indiferente diante disso? [12]

Mas as impressões advindas da maravilhosa natureza do Brasil eram obscurecidas, para os viajantes russos, pelos quadros da cruel escravidão. M. Ratmánov afirma:

> Grande parte deles [habitantes do Brasil – L. A. Shur] consiste em negros africanos ou escravos. Vi como estas pobres criaturas eram levadas para a praça, para serem vendidas, nuas ou com um pedaço de tecido azul amarrado nas costas. Só eles trabalham, os portugueses são preguiçosos e despreocupados... [13].

As impressões dos marinheiros russos que estiveram no Brasil nos anos subseqüentes são as mesmas: encantados com as belezas naturais do país todos escrevem, com revolta, sobre a escravidão dos negros.

F. P. Litke que esteve no Rio de Janeiro em 1817, durante a viagem de circunavegação no "Kamtchatka" anotou, com fúria, no seu diário:

> Aqui, os negros ocupam o lugar dos animais domésticos. Os portugueses afirmam que eles lhes são indispensáveis e que parar com o comércio dos negros equivaleria a perder o Brasil... [14].

12. *Idem*, p. 271.
13. *Idem*, p. 268.
14. L. A. SHUR, *K beregam Nóvovo Sveta. Iz neopublikóvanikh zapíssok rússkikh putechéstvennikov natchála XIX véka (Para as Costas do Novo Mundo. Das Notas Inéditas de Viajantes Russos, do Início do Século XIX)*. M., 1971, p. 95; vide também: B. N. KOMISSÁROV, Brasília pérvoi tchétverti XIX v. v opissániakh russkikh moreplávatelei. (O Brasil no Primeiro Quartel do Século XIX nas Descrições dos Marinheiros Russos), *Véstnik LGU (Noticiário da Universidade Estatal de Leningrado)*, n. 14, 1961, p. 45.

F. F. Matiúchkin, companheiro de A. S. Púchkin que esteve no Brasil juntamente com F. P. Litke, escreve ao diretor do liceu de Tzárskoie Seló, E. A. Engelhardt:

> As feiras de vendas dos negros... compõem-se de uma única construção, dividida em muitos armazéns, nos quais negros e negras, são mantidos seminus e, em cada armazém existe um europeu para tomar conta; este os trata de modo desumano. Quando entramos numa das dependências, o dono, pensando que viemos para comprar, mandou que todos os escravos se levantassem; aos que não executam sua ordem imediatamente, espancam com uma vara. Eles não têm o direito de externar nenhuma insatisfação[15].

D. I. Zavalíchin, que visitou o Brasil em 1822, durante a viagem de circunavegação na fragata "Kreisser", escreve:

> Evidentemente, não há nada mais revoltante do que aquilo que vimos no mercado de escravos... Os escravos eram mostrados, apenas como animais, mandavam, que corressem a fim de demonstrar sua agilidade... As mulheres eram sujeitas a uma observação das mais revoltantes[16].

Familiarizando-se com a vida brasileira, os navegantes russos anotavam nos seus diários de viagem e nos seus lembretes, as características da natureza, as tradições, faziam descrições precisas do país e de seus habitantes.

---

15. Secção de Manuscritos da Biblioteca Pública Estatal M. E. Saltikov-Chtchedrin. Coleção do Príncipe de Oldenburgo, n. 1, fl. 9; Iu. V. DAVIDOV, *V moriákh i stránstviakh (Por Mares e Peregrinações)*, M., 1956, p. 40; L. A. SHUR, *K beregam Nóvovo Svéta... (Para as Costas do Novo Mundo...)*, pp. 33-34.

16. D. ZAVALÍCHIN, "Pribivánie fregata Kreisser v Brazilii (iz vospomináni bívchevo moriaká)", in *Moskóvskie Védomosti* ("Estadia da Fragata Kreisser no Brasil (Das Memórias de um Ex-marinheiro)", *Anais Moscovitas*, n. 14, 14.I.1884, p. 5.

As notas, as descrições, as cartas dos navegantes russos sobre a América do Sul, amplamente divulgadas na imprensa[17], gozavam de grande sucesso entre os leitores, nas décadas de 1820-1830. Em muitos casos forneceram materiais para criações de "temas brasileiros", na literatura da época.

V. G. Belínski falava do significado de semelhantes composições nas recensões de *Vseóbchtcheie putechéstvie vokrug svéta (Viagem Geral de Circunavegação)*, composto por Dumont d'Urville (neste livro foram aproveitadas as notas de viajantes russos como Krusenstern, Kotzebue, Bellinshausen e Litke):

A viagem de Dumont d'Urville é um livro popular, ao alcance de todos, capaz de satisfazer ao mais ferrenho e profundo cientista tanto quanto a uma pessoa sem cultura... As maravilhas e atracões de

17. "Izvéstie o plávanii chliupa 'Kamtchátka' iz Kronstadta v Brazíliu, Peru i Kamtchátku, s prissovokuplêniem izvletchênii iz zapíssok Golovniná", *Sin Otétchestva* ("Notícias sobre a Viagem da Chalupa "Kamtchatka", de Kronstadt ao Brasil, Peru e Kamtchatka, com Trechos de Anotações de Golovnin, in *Filho da Pátria*), 1818, p. 50; "Péretchen píssem putechéstvuiuchtchevo na korablé 'Rúrik' leitenánta Kotzebu ot Tenerife do Brazílii", in *Sin Otétchestva* ("Relação de Cartas do Tenente Kotzebu que Viajou no Navio 'Rurik', de Tenerife ao Brasil", *in Filho da Pátria*), 1816, parte 32; "Izvletchênie iz jurnala putechestvúiutchevo krugóm sveta rossíiskovo leitenánta Lázareva" ("Trecho do Diário de Lázarev, Tenente Russo, em Viagem ao Redor do Mundo") *in Sín Otétchestva (Filho da Pátria)*, 1815, parte 26; "Pismó g-na. Lentza, naturalísta na korablé 'Otkrítie', is Brazilii" ("Carta do Sr. Lentz, Naturalista do Navio 'Otkrítie', Proveniente do Brasil") *in Sin Otétchestva (Filho da Pátria)*, 1824, parte 94; "Prebivánie g. Chabélskovo v Rio de Janeiro" ("Permanência do Sr. Chabélski no Rio de Janeiro"), *in Sévernii Arkhív (Arquivo do Norte)*, 1826, parte 23 e outras.

sua descrição tornam impossível abandonar a leitura do livro depois que o temos em mãos[18].

Os oficiais da marinha russa que deixaram notas referentes à sua estada no Brasil constituíram-se nos primeiros intermediários que colocaram a sociedade russa em contato com a cultura brasileira.

F. F. Matiúchkin escreve na sua *Revista* sobre a música, o teatro e a instrução no Brasil:

> Começa a escurecer, logo se ouvirão as badaladas das oito horas, apresso-me para ir ao teatro. É preciso indagar onde fica; mostram-me uma grande construção de pedra, com janelas redondas, bem semelhantes às de uma prisão ou de um celeiro... Hoje houve uma homenagem à principal figura do balé local, evidentemente um francês... O balé... não tinha nenhum conteúdo ou, simplesmente, era sem sentido... Aqui não existe escola teatral, mas os amadores representam; deles não se pode esperar nada de extraordinário... Tendo ido um par de vezes ao teatro, jurei, a mim mesmo, não ir nunca mais... Esqueci de mencionar a universidade local. É uma ruína magnífica; sobre colunas de mármore, semidestruídas, crescem loureiros e murtas – quadro muito expressivo para ser pintado! quadro expressivo da instrução local! Com exceção de algumas escolas muito ruins aqui, e em todo o Brasil, instituições escolares inexistem[19].

N. Zavalíchin descreveu o Rio de Janeiro fazendo notar que na cidade "... existe um teatro, uma pequena biblioteca pública e um museu"[20].

---

18. *Molvá (A Notícia)*, n. 1, 1836, parte XI, p. 37; V. G. BELÍNSKI, *Pólnoie Sobránie Sotchinénii (Obras Completas)*, M., 1953, t. II, p. 69.

19. L. A. SHUR, *K beregam Nóvovo Svéta... (Para as Costas do Novo Mundo...)*, pp. 41-42; Iu. V. DAVIDOV, *Op. cit.*, p. 41.

20. *Sin Otétchestva (Filho da Pátria)*, 1829, p. 125, t. III, p. 291.

A. Rossíiski esteve no Rio de Janeiro em 1814, durante a viagem de circunavegação feita no navio "Suvórov", conta, nas suas notas, a visita dos oficiais russos ao teatro:

> Como que propositalmente, para nos agradar, estava sendo levado um drama da história russa "Pedro, o Grande e Catarina". O teatro nos agradou, mas já não posso dizer o mesmo dos atores; sobretudo um português magro e baixinho que fazia o papel de Pedro, o Grande, do qual, ao que tudo indica, não tinha idéia alguma[21].

É interessante notar que P. M. Novossílski que visitou o Rio de Janeiro cinco anos depois de A. Rossíiski, fazendo parte da viagem de circunavegação chefiada por Bellinshausen também percebeu que no teatro da capital do Brasil eram representadas peças relacionadas com a história russa.

> À noite, estivemos no teatro [escreve P. M. Novossílski]. Como se fosse de propósito – era representada, em português, uma peça baseada na história russa. Os trajes em nada se assemelhavam aos russos, e o tema era incompreensível para nós. O balé foi razoável[22].

As notícias sobre o Brasil penetravam na sociedade russa também através dos diplomatas que, entre 1811 e 1822, se encontravam junto à corte portuguesa, no Rio de Janeiro[23].

21. A. ROSSÍISKI, "Otrívok iz putechéstvia Alexéia Rossísskovo, bívchevo chtúrmanom na korablé 'Suvórov', soverchívchim plávanie vokrúg sveta v 1813, 1814 i 1815 godákh..." ("Trecho da Viagem de Alexei Rossíiski, Piloto do Navio 'Suvórov', que fez uma Viagem de Circunavegação em 1813, 1814 e 1815..."), *Panteón slávnikh rossíiskikh mujéi (Panteão dos Varões Gloriosos da Rússia)*, 1818, junho, n. XII, p. 264.

22. [P. M. NOVOSSÍLSKI]. "Iújnii Pólius. Iz zapíssok bívchevo morskóvo ofitzera" ("Pólo Sul. Das Anotações de um Ex-Oficial da Marinha"). São Petersburgo, 1853, p. 13.

23. De 1811 a 1815 o representante era o Conde F. P. Palen, desta data em diante, até 1817, P. F. Balk Pólev; entre 1817 e 1819,

Nos salões e círculos literários de São Petersburgo e de Moscou ouviram-se, com interesse, as narrativas de P. F. Balk Pólev (1777-1849) que fora representante russo junto à corte portuguesaa, no Rio de Janeiro, amigo íntimo de Jukóvski, dos Bulgakóv, de Viázemski, da Condessa Laval e outros. Púchkin também se encontrava com ele.

Numa das cartas enviadas a I. I. Koslóv, P. F. Balk Pólev comunica que havia iniciado a relação de suas memórias de viagem *(Souvenirs sur 17 années de voyage avec l'épigraphe "Multorum hominum vidit et urbes")*[24]. Com toda certeza, nestas notas que não tivemos em mãos, devem existir algumas sobre o Brasil.

Em 1812, foi nomeado cônsul-geral no Rio de Janeiro, o acadêmico G. I. Langsdorff, cuja atividade, no Brasil, foi muito significativa no fortalecimento das relações russo-brasileiras. Em 1821, Alexandre I indicou Langsdorff como chefe de uma grande expedição russa ao Brasil. Entre 1822 e 1829, a expedição de Langsdorff pesquisou enormes extensões territoriais e levou a efeito trabalhos etnográficos e geográficos de muita importância[25]. Ao mesmo tempo, G. I.

---

o Barão F. V. Teill von Seroskernen; a partir de 1819, F. F. Borell (encarregado de negócios) (vide: "Ótcherk istórii Ministérstva inostránnikh del (1802-1902)" [Panorama da História do Ministério das Relações Exteriores (1802-1902)]. São Petersburgo, 1902, Suplemento p. 17).

24. Secção de manuscritos da literatura russa (Casa de Púchkin) Academia de Ciências da URSS. Arquivo do Acadêmico Grot. $\frac{15989}{XCIX}$, fl. 33, verso.

25. G. G. MANIZER, *Expedítzia Academica G. I. Langsdorff v Brazíliu (Expedição do Acadêmico G. I. Langsdorff ao Brasil) (1821-1828)*. M., 1948; B. N. KOMISSÁROV, *G. I. Langsdorff*, Leningrado, 1975; *Materiáli expedítzii akademika G. I. Langsdorff v Brasiliu v*

Langsdorff fazia anotações das línguas dos índios do Brasil[26].

As notas referentes à expedição de G. I. Langsdorff eram imediatamente publicadas em jornais e revistas russos. Assim, por exemplo, em 1825, o *Moskóvskii Telegráf (Telégrafo Moscovita)* escreve:

> Doutor Langsdorff, ex-companheiro do capitão-comandante Krusenstern na primeira viagem de circunavegação dos russos e, mais tarde, cônsul da Rússia no Brasil, adquiriu ali uma localidade particular, denominada Mandioca... Atualmente empreendeu uma viagem pelo Brasil, acompanhado de numerosos cientistas...[27]

A luta pela independência, na América distante, encontrou eco na literatura e no jornalismo russos da época. O historiador V. Orlóv diz:

> O problema da revolução nacionalista sul-americana, seus reflexos e interpretações na literatura e no jornalismo russos, das décadas de vinte-trinta, pode servir de tema para uma profunda pesquisa específica[28].

1821-1829 gg. Naútchnoie opissánie. (Materiais da Expedição do Acadêmico G. I. Langsdorff ao Brasil em 1821-1829. Descrição Científica), Leningrado, 1973; RUSSEL H. BARTLEY, The Inception of Russo-Brazilian Relations (1808-1828), *The Hispanic American Historical Review*, n. 2, vol. 56, 1976, pp. 217-240.

26. O. K. VASSÍLIEV-SCHVEDE, "Lingvistítcheskie materiáli russkoi expeditzii v Braziliu 1821-1829 g." ("Materiais Lingüísticos da Expedição Russa ao Brasil nos Anos de 1821-1829"), *in Naútchnii bulleten LGU (Boletim Científico da Universidade Estatal de Leningrado)*, n. 14-15, 1947, pp. 36-42.

27. *Moskóvskii Telegráf*, n. 14, 1825, parte 4, p. 178.

28. V. ORLÓV, "Nikolái Polevói – literátor 30-ikh godóv" ("Nikolái Polevói – literato da década de 30"), *in* N. POLEVÓI, *Materiáli po istórii rússkoi literatúri i jornalístiki 30-kh godóv. (Mate-*

O movimento de independência, no Brasil, potência importantíssima da América do Sul, também teve grande repercusão na literatura e na imprensa russas.

A partir de 1820 surgem na Rússia numerosas obras traduzidas e originais sobre o "tema brasileiro". Para se convencer da grande popularidade que o Brasil tinha nas décadas de 20 e 30, basta folhear as novelas e os contos dos escritores da época. Muitos de seus heróis mencionam o Brasil, falam de sua natureza, do destino dos índios etc. No conto de A. Bestújev-Marlínski, "Morekhód Nikitin" ("Nikítin, o Navegador") (1834), lemos: "Chegamos às ilhas Hébridas e de lá partimos para o Brasil, o reino dourado. Do Brasil nos deslocamos ao Kamtchatka e de lá ao Sitka é um pulo".[29]. No *vaudeville* de D. V. Venevitínov, "Nejdánni prázdnik" ("Festa Inesperada"), fala-se das "florestas brasileiras"[30] e, na novela de A. P. Stepánov, "Postoiálii dvór" ("Estalagem"), os heróis conversam sobre este país:

Pois não, – disse o jovem Katénev, – quanto a mim, eu gostaria de ser o rei do Brasil. – Justamente do Brasil? – exclama sua irmã. – Lá, o que há de bom? – Tudo: o céu, a terra, a água, o fogo...[31].

riais da História da Literatura e do Jornalismo Russos dos Anos Trinta), Leningrado, 1934, p. 44.

29. A. A. BESTÚJEV-MARLÍNSKI, *Sotchinénia v dvukh tomákh (Obras em dois volumes)*, Moscou, 1958, v. II, p. 282

30. D. V. VENEVITÍNOV, *Pólnoie sobránie sotchinénii (Obras Completas)*, Moscou-Leningrado, 1934, p. 184.

31. [A. P. STEPÁNOV]. *Postoiálii dvor. Zapíski pokóinovo Goriánov ízdannie evó drúgom P. P. Málovim (Estalagem. Notas do Falecido Goriánov, publicadas pelo seu Amigo P. P. Málov)*, parte II, São Petersburgo, 1835, pp. 6-7.

No seu poeta "A P. F. Balk Pólev", I. I. Koslóv diz:

> Gosto de sonhar, também, que ao terminar árduo caminho,
> Te fascinas com a beleza esmeraldina brasileira,
> Onde o horizonte brinca em eterno arco-íris
> E o brilho de aves fantásticas colore a mata escura;
> Chamejante, o ananás, arde em campo aberto
>
> E, qual alegria, sobre a onda, a palmeira verdeja[32].

Entretanto, a crescente atenção quanto aos temas "brasileiros" e "latino-americanos", na literatura do primeiro terço do século XIX, na Rússia, não foi condicionada apenas pelo grande interesse na luta de independência da América Latina, mas também pela tentativa dos escritores românticos russos em atingir uma literatura nacional própria, contra a estética do Classicismo. As obras sobre "temas latino-americanos" e "brasileiros" tiveram papel definido no desenvolvimento do romantismo russo.

Uma das mais importantes colocações da estética romântica foi o princípio da nacionalidade, isto é, representação verídica dos usos e costumes da vida e da realidade russas. A. Bestújev, no artigo "Vzgliád na rússkiu slovésnost v tetchénie 1824 i natchala 1825 godov" ("Vista d'olhos sobre as letras russas no decorrer de 1824 e início de 1825"), diz que o reflexo da vida do povo, de seus usos e costumes, as descri-

---

32. Anuário de 1838 composto das obras literárias de A. K. BERNET, V. A. VLADISLÁVLEV, príncipe P. A. VIÁZEMSKI e outros, São Petersburgo, Ed. de A. Vóievski, [1838], p. 23; N. J. KOSLÓV, *Stikhotvorénia (Poesias)*. Ed. elaborada e anexos de A. I. Vvédenski. São Petersburgo, 1892, p. 282. Apresentado por M. P. Alexéiev no livro citado, p. 60.

ções de locais, determinam o valor da criação artística[33]. O crítico O. Sômov, em "O romantítcheskói poésii" ("Sobre a Poesia Romântica") defende, na literatura, o reflexo do "colorido local"[34]. A exigência da representação do "colorido local", o relacionamento das ações com determinados ambientes, constituem um dos princípios do romantismo seja russo, seja da Europa Ocidental. O "colorido local" devia transmitir os traços peculiares a um povo, num ou noutro período histórico.

Em busca do "colorido local" vivo, os escritores românticos voltavam-se para a Espanha, Itália, Grécia, para o Oriente "exótico" e para a, não menos "exótica", América do Sul. O surgimento, na literatura russa, de grande número de obras traduzidas e originais sobre "o tema brasileiro", explica-se, por esse elevado interesse dos românticos pela descrição de novas localidades "exóticas". Por essa razão, o exotismo de costumes estranhos e a descrição da paisagem, acentuadamente decorativa e tropical, prevalece nos livros, novelas e poemas baseados no tema brasileiro, sobretudo, no início. Na concepção do leitor russo, criações desse tipo favoreciam o fortalecimento do colorido peculiar de tonalidades românticas na idéia sobre o país longínquo e que havia começado a se constituir, ainda no século XVIII.

A visão romântica, quanto ao distante Brasil, fortalecia-se entre escritores e leitores russos, antes de mais nada, devido aos intermediários da literatura francesa, grande parte da qual, nesta época, era dedicada ao Brasil. A literatura fran-

---

33. *Poliárnaia zvezdá, karmánnaia knijka na 1825 g. (Estrela polar, livro de bolso para o ano de 1825)*, São Petersburgo, 1825, pp. 1-23.

34. *Sorevnovátel prosvechtchênia i blagotvorênia (Competidor da instrução e da filantropia)*, 1823, parte 24, pp. 125-147.

cesa, como intermediária, desempenhou papel de importância também na elaboração de composições russas sobre o "tema brasileiro".

Muitas obras de escritores franceses dedicadas ao Brasil foram traduzidas para o russo.

Em 1825, N. Polevói, publicou no *Telégrafo Moscovita* a tradução da novela *Jocko*[35]. Trata-se de uma história comovente sobre o macaquinho Jocko que se afeiçoa por um indivíduo e se transforma em vítima de sua ganância e de sua ingratidão.

Na França, a novela de Pougens entrou logo na moda.

Em nota à sua tradução, N. Polevói afirma:

Em Paris, quase sempre existe uma criação literária qualquer que os franceses dizem estar *en vogue*. No ano passado a melhor foi *Ourika*; este ano *Jocko*, novela escrita por Pougens. As senhoras estão encantadas, os poetas estão transformando-a em versos. No teatro... foi levada a peça *Jocko* que teve um sucesso igual a poucas... Surgiram chapéus modernos Jocko, uma cor Jocko, etc., etc.[36].

Na Rússia *Jocko* também ganhou rápida popularidade. Netcháiev garantia a A. A. Bestújev, em carta de 25 de maio de 1825, que sua novela "Okóchko" ("Janelinha") será "um segundo *Jocko*, de Polevói"[37]. No conto "Putechéstvie v

35. [Ch. POUGENS]. *Jocko* (Novela índia). [Tradução do francês, por N. Polevói]. *Moskóvskii Telegráf (Telégrafo Moscovita)*, 1825, parte 2, pp. 336-351, parte 3, pp. 41-59, 134-144. A tradução foi elaborada a partir da edição: Ch. POUGENS, *Jocko, épisode detaché des Lettres inédites sur l'instinct des animaux*, Paris, P. Persan, 1824.

36. *Moskóvskii Telegráf (Telégrafo Moscovita)*, 1825, parte 2, p. 336.

37. V. E. IAKÚCHKIN, "K literatúrnoi i obchtchéstvennoi istórii 1820-1830 gg." ("Para a história literária e social de 1820-1830"). *Rússkaia Stariná (Antigüidade Russa)*, 1888, dezembro, p. 593.

dilijance" ("Viagem de Diligência") A. Pogorélski faz uma imitação de *Jocko*[38], o que é referido por O. Sómov no "Obzór rossíiskoi slovésnosti za 1828 g." ("Panorama das letras russas em 1828"), publicado no almanaque *Sévernie Tzvetí (Flores Setentrionais)*[39]. V. F. Odóievski intitulou uma das novelas da "Jizn i pokhojdénia odnovo iz zgéchnikh obivátelei v stekliánnoi banke, ili Nóvii Jocko" ("Vida e Aventuras de um Habitante Local numa Redoma de Vidro, ou o Novo Jocko")[40]. Finalmente, A. S. Púchkin, mencionou "a vivaz falecida Jocko" numa linha riscada de "Dómik v Kolomne" ("Casa de Kolomna") (1830)[41].

Em 1825 a novela de Pougens foi transformada por Rochefort e Gabriel, numa peça de dois atos "Jocko, ili brasílskaia obezíana" ("Jocko ou o Macaco Brasileiro")[42], que logo foi traduzida para o russo e não saiu de cartaz durante algumas dezenas de anos[43]. A peça narra o processo de domesticação e o ensinamento do macaco Jocko levado a termo por um negociante rico, de nome Fernandes, dono de

---

38. A. POGORÉLSKII, *Dvoinik, íli moí vetcherá v Maloróssii (Sósia, ou Minhas Tardes na Pequena Rússia)*, parte 2, São Petersburgo, 1828, pp. 128-202.

39. *Sévernie tzvet na 1829 g. (Flores Setentrionais para 1829)*, São Petersburgo, 1828, pp. 91-92.

40. V. F. ODÓIEVSKI, *Pióstrie skázki (Narrativas Coloridas)*, São Petersburgo, 1833, pp. 53-73.

41. A. S. PÚCHKIN, *Pólnoie sobrânie sotchinênii (Obras Completas)*. Ed. da Academia de Ciências da URSS, t. V, M., 1948, pp. 376-377.

42. C. ROCHEFORT, J. GABRIEL, *Jocko, ou le singe du Brésil*, Paris, 1825.

43. *Jocko – brazílskaia obezíana (Jocko – o Macaco Brasileiro)*. Melodrama em 3 atos, 6 quadros. Tradução do francês [P. M.] Zótov. [1848?] (Manuscrito). Secção de livros raros e manuscritos da Biblio-

plantações no Brasil. Durante o naufrágio, Jocko salva o filho de Fernandes e depois mata uma cobra, prestes a morder o menino. Paralelamente, desenrola-se uma história de amor: Domênico, filho do administrador da plantação, está apaixonado por Cora, uma jovem "selvagem".

A primeira apresentação de *Jocko*, na Rússia, foi em Moscou. No dia 3 de dezembro de 1827 encontramos nas *Notícias Moscovitas:*

> Domingo, 4 de dezembro; pela primeira vez, atores russos representarão *Jocko, o Macaco Brasileiro*, novo melodrama em três funções, com canto, pantomima, danças e máquinas, traduzida do francês por R. M. Zótov, na qual existe a montagem de um navio; a ação se desenrola no convés, o navio é jogado pelas ondas, quebra-se e afunda... O papel do macaco Jocko será representado por Schpringer, estrangeiro chegado a esta capital que recebeu o reconhecimento em muitas outras capitais e cidades da Europa, pela sua magnífica atuação no desempenho do referido papel... O corpo de baile é composto de negros e de habitantes do Brasil[44].

P. A. Viázemski, em 11 de dezembro de 1827, escrevendo a A. I. Turguéniev, diz:

> Moscou começa a assemelhar-se um pouco a Paris... Um ator alemão está representando *Jocko*, em nosso teatro...[45].

teca Científica Estatal A. M. Górki de Odessa (Fundo de peças manuscritas, n. 814). Exemplar do contra-regra ou do maestro, acompanhado de várias notas. A julgar pelo manuscrito a peça foi levada em Simferópol, em 1864.

44. *Moskóvskie védomosti (Notícias Moscovitas)*, 3.XII.1827, n. 97, p. 3979.

45. *Arquivo de Ostáfiev dos Príncipes Viázemski*, t. III, São Petersburgo, 1899, p. 169.

A peça gozou de grande popularidade entre o público russo. Chegou até nós o testemunho de A. M. Dostoiévski, irmão do escritor, sobre o fato de que F. M. Dostoiévski, na sua infância (início da década de 30) viu *Jocko* no teatro e, "por muito tempo, sonhou com ela"[46].

O sucesso da "novela brasileira" de Pougens e da peça de Rochefort e Gabriel, na Rússia, é testemunhado pelo fato de que o próprio nome Jocko foi dicionarizado. No dicionário de V. N. Uglóv (1859), lemos: "Jocko — espécie de macaco brasileiro"[47].

Em 1834, no *Sin Otétchestva (Filho da Pátria)* foi publicada a tradução do francês de uma novela de A. Jall, *Generosa*. Contava a vida de uma simples jovem brasileira, Generosa, que se apaixonara pelo capitão de um brigue francês. Voltando para a França, o capitão a abandona e Generosa suicida-se, lançando-se ao mar[48].

Também a partir de fontes francesas foi escrita a "novela americana" de Zinaída Vokónskaia, *Dvá plémeni Brazílii, ili Nabíuia i Zioie (Dois Povos do Brasil, ou Nabiuia e Zioie)* publicada em francês, em Moscou, em 1819[49]. Tendo como pano de fundo a magnífica paisagem brasileira, a novela conta

---

46. O. F. MÜLLER, "Materiáli dlia jisneopissánia F. M. Dostoiévskovo" ("Materiais para a Biografia de F. M. Dostoiévski") *in* F. M. DOSTOIÉVSKI, *Obras Completas*, t. 1, São Petersburgo, 1883, p. 11.

47. V. N. UGLÓV. *Ob iassnitelnii slovar inostránnikh slov, upotrebliáiemikh v rússkom iaziké (Dicionário Explicativo de Vocábulos Estrangeiros Usados em Russo)*, São Petersburgo, 1859, p. 69.

48. *Sin Otétchestva (Filho da Pátria)*, 1834, t. XLVI, parte 168, pp. 73-112, 137-173, 213-243.

49. Z. VOLKÓNSKY, "Deux tribus du Brésil ou Nabuya et Zioie, novelle américaine", *in* Z. VOLKÓNSKY, *Quatre novelles*, Moscou, 1819, pp. 145-189.

uma comovente história de amor ocorrida entre índios tupinambás. A novela de Z. Volkónskaia agradava e atraía os leitores. A prova de que ela era muito conhecida em Moscou, na década de vinte, é que foi mencionada por D. V. Venevitínov, no seu *vaudeville*.

Em 1832 foi publicada, em Moscou, tradução feita a partir do francês, do livro *Jacaré-açu ou os Tupinambás. Crônica Brasileira*, que contava a conquista do Brasil, pelos portugueses[50]. Este livro dá muitas informações, ao leitor russo, sobre a História do Brasil.

Na introdução, os autores familiarizavam o leitor com a História do Brasil, do século XVI, desde o descobrimento feito por Cabral e falavam da colonização do país pelos portugueses:

O Brasil, este imenso país da América do Sul, descoberto pelo navegante português Cabral, no último ano do século XV, ficou esquecido por longo tempo... Dom João III, rei de Portugal, dividiu-o em 9 capitanias ou propriedades hereditárias... Os proprietários gozavam de todos os direitos reais; ilimitados. Desta forma, a primeira introdução de poder, no Brasil, constituía-se num despotismo... Os europeus eram fortíssimos, enquanto que os nativos que ocupavam de 50 a 60 milhas da terra tão generosamente doada a cada um dos proprietários, eram vistos como rebanho possível de escravizar. Assim se origina o ódio implacável entre os vencedores e os brasileiros... Os proprietários, de hábito, traziam monges-fanáticos que abençoavam e benziam todos os seus atos indignos...[51]

Depois falava-se de uma das Capitanias do Brasil, cuja capital era São Salvador, erguida na costa da Bahia. Até mea-

50. *Jacaré-açu ou os Tupinambás. Crônica Brasileira*. Composta por Gavet e Boucher. Tradução do françês D. M., partes 1-2, Moscou, 1832.

51. *Idem*, parte 1. pp. 1-4.

dos do século XVIII, esta cidade foi o centro administrativo das colônias portuguesas na América. Por tradição, a Bahia foi descoberta pelo navegador português Diogo Álvares Correia, quando o navio em que vinha naufragou, em 1510, nas costas do Brasil. Diogo Álvares conseguiu salvar sua espingarda e alguma pólvora, sendo que com um tiro dominou os aborígines. Foi chamado por eles de "Caramuru" — "Filho do Trovão". Álvares casou-se com a belíssima jovem Paraguaçu, filha de um chefe indígena. Alguns anos depois, juntamente com Paraguaçu, foi para a França, num navio francês, onde foi recebido por Henrique II. Catarina de Medici batizou Paraguaçu que recebeu o nome de Catarina. Depois, junto com a esposa, Diogo Álvares voltou para o Brasil. Mas, na Bahia, encontrou os portugueses chefiados por Francisco Pereira Coutinho a quem o rei de Portugal dera o direito de conquistar esta região na qualidade de sua "capitania". Coutinho, grosseiro e autoritário, originou o ódio dos aborígines. Tinha inveja da autoridade de Álvares-"Caramuru" e, por isso, mandou confiná-lo numa prisão, espalhando a notícia de sua morte. A esposa de Álvares provocou um levante dos índios, para vingar a morte do marido.

O tema do romance *Brasílskaia Khrónica (Crônica Brasileira)* era baseado na descrição do amor do jovem chefe indígena, Tamanduá, pela filha de Coutinho, Inês. Grande parte do romance era dedicada à descrição da luta dos índios com os portugueses conquistadores. Nos primeiros capítulos, era descrito o ataque dos índios à cidade de São Salvador, fundada por Coutinho. Catarina, esposa de Diogo Álvares, chefiava um dos grupos. A cidade foi tomada de assalto e queimada; Diogo Álvares e os índios cativos foram libertados.

Na segunda parte, o interesse concentra-se nos episódios relacionados com a luta dos índios pela sua liberdade. Alguns silvícolas traidores, tornam a chamar Coutinho que depois do incêndio de Salvador, refugia-se, com os portugueses sobreviventes, na capitania vizinha. Coutinho, juntamente com suas tropas, desembarca nas costas baianas, mas os índios, em choque ferrenho, dizimam as suas forças.

O epílogo fala de como os índios, finalmente vencidos, retiram-se da Bahia, buscando as regiões interioranas do país. No romance, a crueldade dos portugueses dominadores opõe-se às imagens idealizadas dos índios. Segundo os autores, a luta dos brasileiros contra os colonizadores é "um monumento à liberdade, erguido nas florestas da América"[52].

As fontes do romance *Crônica Brasileira* foram buscadas em numerosos livros sobre o Brasil e sua literatura escritos por F. Denis[53], livros e traduções de Monglave[54], além de outros. As epígrafes anexas aos vários capítulos são representadas por citações dos trabalhos de Denis sobre a História do Brasil. Também foram aproveitadas traduções da literatura brasileira de Monglave. Por exemplo, no capítulo XII, da primeira parte do romance, a epígrafe é

---

52. *Idem*, parte 2, p. 112.

53. F. DENIS (1798-1890) — escritor e jornalista francês. No início do século XIX foi adido da embaixada francesa no Rio de Janeiro. Publicou vários livros sobre História e Literatura Brasileiras (*Le Brésil, ou Histoire, moeurs, usages et coutumes des habitants de ce royaume*, vols. 1-6, Paris, 1822 (obra conjunta com Hippolite M. Taunay); *Scènes de la nature sous les tropiques, et de leur influence sur la poésie, suivies de Camoens et José Indio*, Paris, 1824; *Résumé de l'histoire du Brésil suivi du résumé de l'histoire de la Guyane*, Paris, 1825; *Résumé de l'histoire littéraire du Portugal suivi du résumé de l'histoire littéraire du Brésil*, Paris, 1826.

54. EUGÈNE GARAY DE MONGLAVE — jornalista e tradutor francês. Traduziu, para o francês, os versos de Tomás Antônio Gonzaga e o poema épico *Caramuru*, do poeta brasileiro Santa Rita Durão, do século XVIII.

um trecho de uma das poesias de Gonzaga, traduzida por Monglave.

Graças à tradução da *Crônica Brasileira*, os leitores russos familiarizaram-se, não apenas, com a geografia e a História do Brasil mas, também, com uma das obras interessantíssimas da literatura do século XVIII – o poema *Caramuru*, de Frei José de Santa Rita Durão – (1720--1784). O romance *Crônica Brasileira* estava relacionado, pela temática, com o poema *Caramuru*, como que continuando-o e o enredo do poema era dado na introdução do romance. Pequenos trechos do poema de Durão foram traduzidos para o russo, três anos antes do surgimento da *Crônica Brasileira*, na revista *Filho da Pátria*.

CAPÍTULO 3

No fim da década de 1820, início da de 30, surgem, na Rússia, as primeiras notas e os primeiros artigos sobre a cultura e a literatura do Brasil, assim como traduções de escritores brasileiros. A primeira forma de familiarização da sociedade russa com a literatura do Brasil era formada por artigos descritivos, assim como por traduções de trechos de obras de escritores daquele país. Os primeiros eram copiados da imprensa estrangeira, na maior parte das vezes, francesa. As traduções também não eram feitas do original e sim de textos franceses que, não raro, eram sujeitos a mudanças significativas ao serem passados para esta língua.

Desta maneira, a literatura francesa aparece, também, como intermediária; através de cujo prisma a brasileira passa a ser recebida na Rússia, ao longo de quase todo o século XIX.

Na década de 20, A. S. Púchkin interessava-se pelo Brasil e pela sua literatura. Em 1826-1827, traduziu uma poesia de Tomás Antônio Gonzaga, poeta brasileiro de destaque, que lutou pela independência, insurgindo-se contra os poderes constituídos; participou da Conjuração Mineira e pereceu exilado, na África. Esta tradução foi publicada na coletânea das obras de Púchkin sob o título: "S portugálskovo ('Tam zvezdá zari vzochlá...')" ["Do português ('Lá surgiu a estrela d'alva...')]"[1].

Assim, o grande poeta russo tornou-se o primeiro tradutor da literatura brasileira. No destino do poeta brasileiro, com certeza, Púchkin achou algo de comum com a sua própria sina durante o exílio de Odessa e, sobretudo, com a de seus companheiros decembristas. O insucesso da revolta, na qual se viu envolvida toda uma plêiade de poetas, o exílio africano de um deles, acusado não tanto da "conspiração" como das relações de amizade com seus participantes, tudo isso não poderia deixar de apresentar interesse para Púchkin, no momento em que pensava no destino dos amigos decembristas e nas relações que mantinha com eles[2].

M. P. Alexéiev demonstrou que Púchkin havia entrado em contato com os versos do poeta brasileiro por intermédio das traduções francesas de Monglave[3]. Do destino trágico de

---

1. A. S. PÚCHKIN, *Obra completa, em dez tomos*, v. II, Moscou-Leningrado, 1949, pp. 301-302. A tradução da poesia de Gonzaga, feita por A. S. Púchkin, não foi publicada antes da morte do poeta. Foi impressa, pela primeira vez, por P. V. ÁNNENKOV, em 1855 ("Materiali dliá biográfii A. S. Púchkina" [Materiais para a Biografia de A. S. Púchkin], *in* A. S. PÚCHKIN, *Sotchinênia (Obras)*, v. 1, São Petersburgo, 1855, pp. 349-350) complementado por V. E. IAKÚCHKIN, *Rússkaia Stariná (Antigüidade Russa)*, 1884, n. 6, pp. 531-532.

2. M. P. ALEXÉIEV, *Púchkin i brazílski poét... (Púchkin e um Poeta Brasileiro...)*, p. 58.

3. Vide também o artigo de BORIS SCHNAIDERMAN, Púchkin, Tradutor de Gonzaga, *O Estado de São Paulo*, 1962, 16/VI. (Foi incluído no livro: BORIS SCHNAIDERMAN, *Projeções: Rússia/Brasil/Itália*, São Paulo, Ed. Perspectiva, 1978.)

Gonzaga, Púchkin pode ter-se informado na introdução de Monglave sobre a coletânea de versos de Gonzaga, assim como, nos trabalhos de F. Denis que, com toda certeza, deve ter lido.

Em 1829, na revista *Filho da Pátria*, surgiu uma nota sobre literatura brasileira; correspondia à parte introdutória da tradução de trechos do poema épico *Caramuru*, de Durão, escritor brasileiro do século XVIII. A nota frisava que até pouco tempo

não se sabia na Europa que a jovem América também possuía suas obras originais e que ela era capaz de contrapor suas próprias inspirações à criação artística do Velho Mundo. (...) romancistas brasileiros e portugueses constituirão, agora, um novo elo na grande corrente da literatura mundial e unirão as idéias gerais, num único todo. *Karamana, íli otkrítie Bahíi (Caramana, ou a Descoberta da Bahia)*[4], romance do Sr. José de Santa Rita Durão[5] será o primeiro, de toda esta curiosa coleção, a ser publicado. Aguardando vir a lume esta obra original, na qual o autor descreve a vida independente dos selvagens da América do Sul, seus costumes românticos e lutas sangrentas, oferecemos aos leitores alguns trechos do mesmo[6].

José de Santa Rita Durão (1720-1784), escritor brasileiro mencionado na nota, nasceu no Brasil, mas passou grande parte de sua vida na Europa, em Portugal e na Itália. Em Roma, Durão conheceu José Basílio da Gama, poeta brasileiro, autor do famoso poema épico *Uraguai*. Pode-se supor que Gama exerceu influência sobre Durão na escolha do tema,

4. Na nota o título do poema está errado. O correto é *Caramuru*.

5. Na nota, o poema épico de Durão é chamado de romance. Isto se explica, provavelmente, pelo fato de que a tradução do poema em prosa, para o francês, que serviu de fonte ao tradutor russo, foi intitulada "poema-romance". Mais informações a respeito, vide a seguir.

6. *Sin Otétchestva (Filho da Pátria)*, 1829, parte 127, t. V, p. 248.

relacionado com o Brasil. Em 1781 foi publicado *Caramuru*, o poema épico de Durão, dedicado à sua pátria[7].

No poema, Durão dirigiu-se ao Brasil, fez dos índios os heróis e isto teve determinada importância no desenvolvimento da diretriz "indianista", na literatura brasileira. Grande parte do poema é dedicada à descrição da paisagem e dos habitantes do país, aos seus costumes etc. Do ponto de vista artístico, os episódios mais marcantes estão relacionados com a descrição dos costumes indígenas, suas tradições, seu culto religioso, as guerras entre vários povos etc. Os pequenos trechos que foram publicados em tradução russa, no *Filho da Pátria*, constituem, justamente, as melhores partes. Descrevem a guerra dos grupos indígenas, os hábitos bélicos e, finalmente, a temeridade de um índio condenado à morte, por uma nação estranha. Desta forma, o leitor russo, apesar de uma série de inexatidões decorrentes da tradução indireta, familiarizou-se, através dos trechos do poema, com a obra que conta a conquista do Brasil pelos portugueses e que pinta, com imensa compaixão, os usos e costumes dos índios.

O tradutor russo utilizou, como fonte, a tradução francesa, em prosa, do poema *Caramuru*, elaborada por Monglave que no final da década de 20 resolveu editar uma série de *Romances Portugueses e Brasileiros*. Um dos tomos desta série foi a tradução em prosa do "poema-romance brasileiro", *Caramuru*.

---

7. *Caramuru*. Poema épico do descobrimento da Bahia, composto por Fr. José de Santa Rita Durão, da Ordem dos Eremitas de Santo Agostinho, natural da Cata-Preta nas Minas Geraes. Lisboa, na Regia Officina Tipographica, anno MDCCLXXXI, com licença da Real Meza Censoria, 307 p.

Em 1831, no almanaque *Cíntia* apareceu um artigo sobre literatura brasileira[8]: "Brazílskaia Literatura" ("A Literatura Brasileira"); iniciava-se com a afirmação de que o surgimento desta, bem como da cultura nacional, no Brasil e em outros países da América do Sul foi, por longo tempo, prejudicado pelo jugo colonialista e frisava que uma condição indispensável para o desenvolvimento da literatura nos países da América Latina era a conquista da independência: "Finalmente, a América deve ser independente tanto na sua literatura quanto no seu governo", afirmava o autor (p. 143).

Uma linha constante de pensamento passava pelo artigo todo, no sentido de que a ex-colônia portuguesa da América, libertando-se da Metrópole, deveria ter uma literatura realmente nacional; a literatura brasileira possuía todos os elementos para se tornar original e independente das influências estrangeiras.

Sentindo a premência de mudar as diretrizes impostas pela Europa, o Brasil já experimenta a necessidade de extrair inspiração de sua própria fonte — dizia o autor, na primeira página (pp. 141-142).

Na sua opinião, a base para o desenvolvimento da literatura nacional brasileira deveria ser constituída pela abordagem que os poetas fariam da natureza local, da descrição da magnífica paisagem tropical. Os poetas brasileiros devem "buscar sua diretriz apenas na observação" (p. 143). O brasileiro

---

8. "Brazílskaia Literatura" ("Literatura Brasileira") *in Cíntia. Almanaque para o Ano de 1832*, Moscou, 1831, pp. 141-154 (Autorização da censura datada de 7 de fevereiro de 1830). As referências seguintes a esta edição constam do texto.

... vê as riquezas dispersas pela natureza ao seu redor. Que visão! Como se poderia deixar de admirá-la! Na margem da fonte, nas entranhas de baías profundas, cujas ondas ruidosas morrem na praia, quase sempre balançam-se, calmamente, palmeiras, uma roseira sepulcral ou uma ipoméia enfeita as areias secas das praia, a majália dependura seus labirintos verdes... Nesta grandeza natural, na desordem de suas criações, em meio à fertilidade selvagem... no rugir das matas virgens, ao som das quedas d'água, que se lançam de rocha em rocha. aos gritos de animais ferozes... o pensamento do brasileiro recebe uma força nova (pp. 147-149).

A criação popular, oral, que foi a primeira a refletir as particularidades naturais do Novo Mundo, deveria transformar-se também numa parte importante da literatura nacional. O autor diz que

os camponeses brasileiros são uma prova daquilo que a literatura do país era antes, quando não estava confiada ao papel, mas, apesar disso, continha as belezas das primeiras imagens (pp. 153-154).

O artigo sublinha que a condição imprescindível para a criação de uma literatura brasileira nacional é a instrução e a educação do povo; que "se pela instrução se desenvolverem" "as potencialidades felizes" dos brasileiros, "a literatura poderá obter daí vantagens importantes!" (p. 154).

Também se fundamentava, aos poucos, a idéia de que as especificidades da literatura brasileira em formação eram determinadas por aqueles três grupos étnicos dos habitantes que, mais tarde, constituíram a nação brasileira (o branço, o índio e o negro). Dizia-se:

O brasileiro será originário do europeu ou estará relacionado, consangüineamente, com o habitante primitivo da América ou com o negro... parece que nele se distinguem características específicas de povos tão distintos, – ora impetuoso, como o africano; ora empreendedor, como o guerreiro das margens do Tejo; ora pensativo, como o americano...) (pp. 146-147).

A literatura brasileira deveria amalgamar, num só todo, as tradições poéticas e o folclore dos portugueses, dos negros e dos índios.

O autor realça que os índios, opondo-se, obstinadamente, ao colonizador português,

surpreendem-nos com a sua coragem. A recordação de sua grandeza selvagem enche a alma de orgulho... Buscarão o maravilhoso nas suas antiqüíssimas tradições... Seus combates, seus sacrifícios — tudo constitui quadros de imensa riqueza (pp. 144-145).

Ao mesmo tempo, diz que também a época da colonização portuguesa terá reflexos na literatura nacional, pois ela deu origem a características muito vivas:

Todo o heroísmo medieval, todo o espírito ardente e empreendedor dos tempos heróicos, vem expresso em tons específicos, nas viagens dos primeiros exploradores, que adentravam as matas virgens, atacavam animais desconhecidos, entravam em contato com povos que poderiam esmagá-los. Desejavam apenas o ouro, mas não se pode negar-lhes uma certa glória: a poesia deve integrar nos seus domínios estas viagens de longo percurso (p. 145).

Afirma ainda que a literatura brasileira, voltando-se para a descrição da natureza pátria, logo atingiria o nível das literaturas da Europa Ocidental. O artigo diz:

Que os habitantes destes países analisem a natureza, inspirem-se na sua majestade e, dentro de alguns anos, eles nos igualarão, podendo transformar-se em nossos mestres (p. 146).

Comparando o artigo do almanaque *Cíntia* com outros materiais sobre literatura brasileira que apareciam na imprensa russa da mesma época, pode-se notar, de imediato, que ele sobressai entre os demais. Não afirmava apenas que na antiga colônia portuguesa da América existe uma literatura nacional, mas diz, também, que possuía suas peculiaridades específicas.

Segundo nos foi possível estabelecer, o artigo "Literatura Brasileira", publicado no almanaque *Cíntia* constituía-se numa tradução do francês (com algumas reduções) do primeiro capítulo da obra de Ferdinand Denis, *Panorama da História da Literatura Brasileira*, intitulado: "Considérations générales sur le caractére que la poésie doit prendre dans le Nouveau-Monde"[9].

O artigo sobre literatura brasileira, no almanaque *Cíntia*, provocou posições extremamente contrárias nos *Literatúrnie pribavlênia k "Rússkomu invalídu" (Adendos Literários ao "Inválido Russo")* onde se diz:

Lendo *Cíntia* é possível pensar que foi editado para agradar ao editor do *Telégrafo*. O Sr. Polevói pode apreciar aqui compatriotas, embora menores, mas não menos geniais... o comentário sobre literatura brasileira (vide p. 141) não traz o nome do autor; mas adivinhamo-lo de imediato. Quem, afora o historiador do povo russo, pode penetrar, com tanta profundidade, na essência do seu objeto? Por exemplo: o que diz respeito ao homem, originário de uma índia, nele existe uma certa energia de independência que desperta, antes de mais nada, o desejo de exaltar a sua pátria; busca aventura na profundidade dos bosques; nele se juntam a perspicácia do branco com a coragem do homem de cobre; é grandioso de alma mas pensativo; este povo será autor de grandes tentos. Caso nossa suposição seja infundada, corajosamente, predizemos ao público uma outra *História do Povo Russo*: pois o homem que analisa, tão filosoficamente, as qualidades do homem cúprico, sem dúvida alguma, será um rival do Sr. Polevói[10].

9. Vide F. DENIS, *Résumé de l'histoire littéraire du Portugal, suivi du Résumé de l'histoire du Brésil*, Paris, 1826, pp. 513-528.

10. *Literatúrnie pribavlênia k "Rússkomu invalídu" (Adendos Literários ao "Inválido Russo")*, 1832, 2 de janeiro, n. 1, pp. 2-4.

A resenha estava assinada por "Feofilákt Nagáikin", um dos pseudônimos de A. F. Vóieikov. Escritor, tradutor e jornalista, por algum tempo relacionado com os círculos literários de vanguarda; com o correr do tempo, transformou-se num comerciante literário sem princípios. Caso se leve em conta a diretriz romântica do livro de F. Denis, assim como o caráter da revista *Telégrafo Moscovita*, não é difícil compreender os motivos pelos quais A. F. Vóieikov, um dos principais rivais jornalísticos de N. A. Polevói, atribui o artigo "A Literatura Brasileira" ao editor do *Telégrafo Moscovita*.

Como se sabe, o *Telégrafo Moscovita* era um reduto dos românticos. Dizia-se aí:

A essência do romantismo encontra-se no fato de que... extirpando toda e qualquer imitação..., exige-se o desenvolvimento do cotidiano, do popular, para introduzir um determinado povo, com todas as suas peculiaridades, na história da humanidade, ampliando seu universo nacional[11].

No *Telégrafo Moscovita*, a propaganda do romantismo estava intimamente ligada com o enfoque sócio-político da revista, sobretudo com a abordagem do movimento nacionalista e libertador da América Latina. O *Telégrafo Moscovita* familiarizava, amplamente, os leitores russos com os acontecimentos revolucionários da América. Não era sem motivo que o autor da denúncia anônima, apresentada contra Polevói em 1827, afirmava que

---

11. *Moskóvskii Telegráf (Telégrafo Moscovita)*, 1831, parte 37, p. 566.

tudo que é proibido dizer em Petersburgo, sobre as regiões independentes da América, ou sobre seus heróis, acha-se, entusiasticamente, introduzido no *Telégrafo Moscovita*[12].

A revista reserva muito espaço a Simón Bolívar — um dos heróis pela luta da independência. Em 1825, no artigo "Kolumbíiskie Polkovódtzi" ("Chefes Colombianos") encontramos:

> Simón Bolívar é uma das pessoas extraordinárias da nova história americana. Muitos o cognominam de Washington sul-americano[13].

Em 1829 a revista publicou o retrato de Bolívar. A correspondência do primeiro com S. D. Poltorátzki testemunha o entusiasmo de Polevói frente a Bolívar e aos patriotas da América do Sul... Editam um jornal manuscrito, *Diario inflammato*, com a seguinte epígrafe: "Bolívar — o grande homem" Numa de suas notas a Poltorátzki, Palevói diz:

> ... venha para discutirmos, falarmos sobre Bolívar... Venha à tardinha em nome de Bolívar, Washington, Lafaiette...[14]

Desta maneira, o artigo do livro de F. Denis, romanticamente emoldurado, no qual se apresentava a idéia da impreteribilidade da independência política e literária das jovens potências latino-americanas, era totalmente coincidente com

---

12. Vide V. ORLÓV, "Nikolái Polevói, literator 30-kh godóv" ("Nikolai Polevói, Literato da Década de Trinta"), *in* N. POLEVÓI, *Materiais de História da Literatura e do Jornalismo Russos, da Década de 30*, Leningrado, 1934, pp. 46, 469.

13. *Moskóvskii Telegráf (Telégrafo Moscovita)*, 1825, parte 3, p. 187.

14. Departamento de manuscritos da Biblioteca Pública Estatal. Arquivo de S. D. Poltorátzki. Moscou-Leningrado, 1963, p. 238.

o *Telégrafo Moscovita*, o que deu motivo a A. F. Vóieikov para atribuir a edição de *Cíntia* a N. A. Polevói ou aos literatos próximos do círculo do *Telégrafo Moscovita*.

Infelizmente, ainda não foi possível determinar quem traduziu, para o russo, o artigo de F. Denis no almanaque *Cíntia*.

Em 1834, no *Telescópio*, revista de vanguarda, foi publicado: "Uspékhi litiraturi, naúk i iziáchnikh iskustv v Brasílii" ("Conquistas da Literatura, das Ciências e das Artes, no Brasil")[15], que dava ao leitor russo um breve panorama da história da literatura brasileira, do século XVI ao XIX. É importante notar que a literatura brasileira não era apresentada como parte da portuguesa e sim, na categoria de uma literatura nacional, independente.

A afirmação inicial do artigo era que, independentemente do jugo colonialista, no Brasil, desde o século XVII, surgiam escritores e poetas próprios:

A partir do século XVII, o Brasil já possuía seus escritores e poetas, se bem que poetas infelizes, proibidos de lamentar as desgraças da pátria, mas cujas composições encerram profundo sentimento poético. Entre eles encontra-se Bento Teixeira, autor da *Prosopopéia*; Bernardo Vieira, um dos defensores do Brasil no período da luta contra os holandeses; Manoel Botelho, que publicou a *Música do Parnaso*, em versos portugueses, espanhóis, italianos e latinos, obra estranha mas que apresenta, na sua originalidade, a beleza de vários gêneros; Brito de Lima, que compôs *Cesaréia*, em honra ao governador de Pernambuco, Fernando César e Salvador Mesquita que escreveu, em latim, o drama intitulado *O Sacrifício de Jafé*[16].

---

15. *Teleskóp (Telescópio)*, 1834, parte XXIII, pp. 431-440. O artigo fora tirado de uma revista francesa, *Révue britannique* (1834, t. 11, pp. 158-174).

16. *Teleskóp (Telescópio)*, 1834, parte XXIII, p. 432.

O artigo sublinhava que os poderes coloniais portugueses tentavam impedir o desenvolvimento nacional da cultura brasileira:

> Atualmente, Portugal, seguindo o exemplo da Espanha, emprega todos os esforços para interromper, no Brasil, as conquistas da mente e do desenvolvimento. Passaram-se dois séculos e as artes não deram um passo para forã dos conventos. Parece que o governo português está querendo confiná-las a este âmbito[17].

Mas, apesar de todos os obstáculos, a cultura e a literatura nacional brasileiras se desenvolveram:

> Diante de tal movimento das artes, a literatura também despertou... Escritores de primeira ordem não tardaram a aparecer. Durão, no seu *Caramuru*, poema épico, onde são cantadas as aventuras do jovem Diogo, jogado pelo mar nas praias de São Salvador e Basílio da Gama no seu poema *Uraguai ou a Guerra de Messias*, cantam, semelhante a Homero, não deixando de serem brasileiros. O infeliz Gonzaga, para quem as prisões africanas constituíam um verdadeiro túmulo, recorda com seus versos... a poesia melancólica do *Pranto* de Ovídio... Os diversos trabalhos citados, além de vários outros, despertaram o gênio nacional; para provocar a ira da Metrópole a arte e a poesia já não dormitavam no Brasil e estavam próximas do sucesso quando Dom João VI mudou-se para lá[18].

Em conclusão, era apresentada a idéia de que só a conquista da independência condicionaria o sucesso da cultura e da literatura nacional brasileiras:

> O gênio inato do povo, libertando-se das barreiras que por tanto tempo impediam o seu desenvolvimento, concretiza, dia a dia, as esperanças nele depositadas. Mais alguns anos e o Brasil nada

17. *Idem*, pp. 432-433.
18. *Idem*, pp. 434-435.

terá que invejar, no campo da ciência, aos Estados Unidos, que ele deixa muito aquém, no que diz respeito às artes plásticas[19].

O artigo sobre a cultura e a literatura brasileiras, editado na revista *Telescópio*, apesar da amplitude e de certas imprecisões, dava ao leitor russo, em geral, idéias corretas sobre o desenvolvimento literário do século XVI ao XVIII. Não há dúvida de que o aparecimento deste artigo estava relacionado com a diretriz da revista *Telescópio*, que ocupava lugar de destaque na luta literária e filosófica da década de 1830, na Rússia. Da revista participavam Belínski, Stankévitch, Gértzen, Ogariov, Gontcharóv, Tchaadáiev, Polejáiev, Tiútchev e outros escritores. O *Telescópio* tinha como subtítulo: "jurnal sovreménnovo prosvechtchénia" ("revista da cultura contemporânea"). O problema da cultura tinha significado específico na Rússia de 1830. Destacados representantes do pensamento social russo não podiam deixar de notar o limitado e estreito círculo de pessoas a quem era dado estudar. Este problema tornou-se extremamente agudo a partir da derrota dos decembristas. Aos olhos dos homens da década de trinta a instrução do povo constituía problemática imediata, de cuja resolução dependia o desenvolvimento do país. Para N. I. Nadéjdin, redator da revista, o *Telescópio* era "o indicador da instrução" e, a instrução do povo, segundo Nadéjdin, constituía-se na base de seu grandioso futuro. No artigo de vanguarda, publicado no primeiro número da revista, Nadéjdin escreve sobre a importância da instrução para a sociedade russa, que, "há relativamente pouco tempo, foi anexada ao organismo vivo da Europa e, por esse motivo, ainda não teve tempo de crescer e amadurecer"[20].

19. *Idem*, p. 438.
20. *Idem*, 1831, parte I, p. 40.

É válido supor que a nota sobre a instrução no Brasil atraiu o interesse da revista, uma vez que nela se frisava a idéia de que a conquista da liberdade e da independência favoreciam o processo de desenvolvimento da arte e da literatura. A questão do desenvolvimento cultural no Brasil, país atrasado, que há pouco se tornara independente, podia interessar à revista, também por analogia (de certa forma) com as condições de desenvolvimento da instrução na Rússia. É possível que o artigo tenha sido selecionado e traduzido por V. G. Belínski que participava ativamente na revista, no período de 1833 a 1836[21].

Em 1836 na *Biblioteca dliá tchténia (Biblioteca de Leitura)* apareceu um artigo sobre a literatura portuguesa onde se falava de vários escritores brasileiros[22].

Mencionava-se Cláudio Manuel da Costa, "o primeiro candidato brasileiro para a fama literária"; Gonzaga, e outros. Ao mesmo tempo, o artigo dizia que estes "escritores luso-americanos não tiraram proveito da paisagem do Novo Mundo e não deslocaram para lá os heróis dos seus poemas... O terceiro dos compatriotas, Basílio da Gama, é que introduzira esta novidade. O seu *Uraguai* é uma epopéia americana e, se o gênio do autor se encontra abaixo do objeto, a nova

---

21. L. A. SHUR, "Jurnal *Teleskóp* o brazílskoi literature" (A Revista *Telescópio* sobre a Literatura Brasileira) (V. G. Belínski e a literatura brasileira), *in* L. A. SHUR, *Khudójestvennaia Literatura Latínskoi Amériki... (Literatura Artística da América Latina...)*, pp. 223-228.

22. "Novéichaia iziáchnaia slovésnost evropéiskikh naródov" ("A Literatura mais Recente dos Povos Europeus"). Composto pelo Prof. Wolff — particularmente sobre o estado da literatura portuguesa. *Biblioteca dliá tchténia. (Biblioteca de Leitura)*, 1836, t. 16, p. II, pp. 15-16.

região e as novas cores vivas da composição dão valor a esta criação brasileira"[23].

O artigo da *Biblioteca de Leitura* defendia a idéia de que uma literatura brasileira, como tal, não existe, mas há obras de "escritores luso-americanos" isolados, que fazem parte da literatura portuguesa.

23. *Idem*, 1836, t. 16, seção II, p. 15.

CAPÍTULO 4

Nas décadas de 1840-1850, o interesse da Rússia, com relação ao Brasil não diminui. Como no período anterior (1820-1830), as fontes mais valiosas de informação, sobre o Brasil, eram constituídas pelas anotações de viagem e pelas narrativas orais de viajantes e diplomatas que estiveram no longínquo império de além-mar.

Continuam gozando de grande popularidade, na época, as notas e as memórias dos componentes das viagens de circunavegação. Lemos num livro da autoria de um marinheiro russo desconhecido:

Lá [entre os brasileiros – L. A. Shur] os negros trabalham como bestas de carga e são considerados como tais. Dá pena olhar as vítimas inocentes do egoísmo dos homens que se autodenominam esclarecidos[1].

1. "Vpetchatlênia moriaká vo vrêmia dvukh putechéstvii krugom sveta" ("Impressões de um Marinheiro Durante duas Viagens de Circunavegação"), *Obras do Tenente V. Z.*, São Petersburgo, parte I, 1840, p. 54.

No mesmo local, descreve-se o episódio de um cruzador inglês que trouxe ao Rio de Janeiro, escoltados, três navios negreiros[2]. Esta "selvageria humana" era referida também por outros viajantes russos da época. Em 1853, saiu à luz o livro de P. M. Novossílski, *Iújnii Pólius. Iz zapíssok bívchevo morskovo ofitzera (O Pólo Sul. Baseado nas Notas de um Ex-oficial da Marinha)*. Nele contava-se a viagem do autor feita ao redor do mundo, entre 1819-1821, na chalupa Mírni. Escrito de modo vivaz e atraente, o livro provocou grande interesse entre os leitores russos. Descrevia o Rio de Janeiro, falava da maravilhosa natureza do Brasil, embora a maior parte do capítulo sobre este país fosse dedicada aos negros. P. M. Novossílski relata:

> Aqui, a cada passo, encontram-se negros seminus e desmazelados. Curvados sob o peso da carga, entoam cantigas monótonas. Estivemos em dois estabelecimentos onde os negros eram vendidos abertamente: num, homens e noutro, mulheres. Negros nus ficavam sentados em muitos bancos, os meninos nos dianteiros e os adultos nos traseiros. Um português, com o látego na mão, indicava com a cabeça a sua mercadoria[4].

Em 1860 esteve no Brasil, durante a viagem de circunavegação, o escritor e pintor russo, A. V. Vichéslávtzev (1831-1888). Nas cartas aos parentes, que serviram de base para suas notas de viagem, publicadas em 1862[5], contou suas impressões sobre o Brasil.

2. *Idem*, parte II, pp. 122-123.

3. [P. M. NOVOSSÍLSKI], *Iújnii Pólius. Iz zapíssok bívchevo morskovo ofitzera (Pólo Sul. Baseado nas Notas de um Ex-oficial da Marinha)*, São Petersburgo, 1853.

4. *Idem*, p. 13.

5. A. VICHESLÁVTZEV, *Ótcherki perom i karandachom iz krugosvétnovo plávania v 1857, 1858, 1859 i 1860 godákh (Esboços*

No dia 29 de maio [1860], à noite, entramos no reide do Rio de Janeiro [escreve Vicheslávtzev, ao pai, no dia 6 de junho de 1860]. Estava escuro, inúmeras luzes delineavam o contorno da cidade; eram tantas que parecia haver iluminação; os fogos estendiam-se, enfileirados, à beira-mar e, qual raios que se desprendem de brilhantes, rebaixavam lombadas e montículos... No dia seguinte, pela manhã, vimos a mais bela cidade do mundo, com seus morros, sua baía, seu verdor, suas ilhas, iluminados pelo sol tropical matutino. Já faz mais de uma semana que estamos aqui e, de manhã até à noite, corro, me desloco, ando pelas redondezas... Lembrem-se de que olhamos com indiferença, para muitas belezas tropicais tornadas familiares e que já vimos algumas coisas, até melhores; assim mesmo, ainda há uma imensidão de objetos que nos fazem sentir real encantamento...[6]

Em suas notas, A. V. Vicheslávtzev não descreve apenas a natureza. Diz ele: "a situação dos negros, no Brasil de 1850, é terrível"[7]. Mas, mesmo depois de proibida a importação de negros da África, "os escravos não foram libertos e permanecem, como antes, na total dependência dos senhores"[8].

No livro de Vicheslávtzev encontra-se um desenho do autor, representando a região de Botafogo, nas proximidades do Rio de Janeiro.

Muitos fatos interessantes sobre a luta política do Brasil, a situação dos negros etc., ainda quase inexplorados pelos pesquisadores soviéticos, estão contidos nos ofícios e nas cartas dos diplomatas russos estabelecidos no Rio

---

feitos a tinta e a lápis durante a viagem de circunavegação nos anos 1857, 1858, 1859 e 1860), São Petersburgo, 1862.

6. Arquivo Governamental Central de Literatura e Arte da URSS, fundo 97, descrição 1, caso 1, fl. 170.

7. A. VICHESLÁVTZEV, *op. cit.*, p. 563.

8. *Idem*, p. 565.

de Janeiro, onde os delegados ou enviados estavam a serviço a partir de 1828, quando a Rússia estabeleceu relações diplomáticas com o Império Brasileiro[9].

Por exemplo, o representante russo A. P. Máltitz, em 1834, fala dos maus tratos dispensados aos negros no exército:

> Os escalões mais baixos do exército brasileiro são constituídos, *grosso modo*, de mulatos e negros... Seus colegas brancos, bem como os oficiais, demonstram-lhes desprezo e os tratam com arrogância[10].

No mesmo ofício, Máltitz se refere à expansão do movimento republicano, no Brasil:

> O Imperador Dom Pedro enviou-os [oficiais – L. A. Shur] a Paris mas, em vez de algo proveitoso, eles trouxeram para a pátria o espírito da revolução e o republicanismo: um deles, o editor da revista *Verdade* distingue-se, particularmente, pelos atos contrários ao seu antigo soberano e benfeitor[11].

S. S. Wallenstein, cônsul-geral no Rio de Janeiro, também relata, num ofício (1839), que no Brasil, no fim da década de 30, fortalecia-se o movimento antigovernamental:

> As desordens não param no Brasil. O ódio contra os portugueses e contra alguns potentados regionais, não raro, obriga os habitantes das cidades a se armarem uns contra os outros[12].

9. *Ótcherk Istórii Ministerstva inostránnikh del (Panorama da História do Ministério das Relações Exteriores) (1802-1902)*, São Petersburgo, 1902, anexo pp. 22-23. Entre 1835 e 1848 o plenipotenciário era F. F. Borell; entre 1828 e 1831, A. P. Máltitz; entre 1835 e 1848, S. G. Lomonóssov.

10. Arquivo Governamental Central de História Militar da URSS, fundo 453, caso 282, fl. 3.

11. *Idem*, fl. 8.

12. *Idem*, fl. 28.

Em 1841, Wallenstein escreve sobre a "guerra civil" brasileira, a qual "dificulta a atuação governamental no Império"[13].

É claro que na sua quase totalidade, os informes dos diplomatas no Brasil, enviados ao Ministério das Relações Exteriores, permaneciam desconhecidos ara a sociedade russa, mas suas impressões, sobre o país distante não deixavam de se difundir através da correspondência ticular nos comentários orais, feitos por ocasião de u estada na Rússia, e assim por diante.

Uma das figuras mais interessantes entre os diplomatas russos no Brasil, na década de 1840-1850 foi, sem dúvida, Serguéi Grigórievitch Lomonóssov (1799-1857), que estudara no liceu de Tzárskoie Seló, juntamente com Púchkin. S. G. Lomonóssov

na infância, foi colega de internato e ficou sendo amigo do Príncipe P. A Viázemski; nos anos escolares aproximou-se do círculo literário; era chegado a V. L. Púchkin; visitava Karamzin e outros[14].

O nome de Lomonóssov encontra-se, reiteradamente, na correspondência de Púchkin com P. A. Viázemski, V. L. Púchkin e I. I. Púchtchin. Púchkin dirige-se a Lomonóssov e aos demais colegas de liceu, cujo destino os levara para longe da pátria, no seu poema "19 de outubro de 1827":

> Deus os ajude, meus amigos,
> Nas tempestades, nas tristezas da vida,
> Em terras estranhas, em mares desertos,
> Nos abismos obscuros da terra![15]

13. *Idem*, fl. 32.

14. K. Ia. GROT, *Púchkinskii litzéi (O liceu de Púchkin) (1811--1817)*, São Petersburgo, 1911, p. 83.

15. A. S. PÚCHKIN. *Obras Completas*, Moscou, Ed. Academia de Ciências da URSS, t. III, parte 1, 1948, p. 80.

Realmente, Lomonóssov passou grande parte da vida "em terras estranhas". Depois de formado no liceu foi

designado... para o Departamento do Colegiado Estatal das Relações Exteriores, como Conselheiro Titular... No dia 18 de maio de 1818, assumiu uma missão, na Filadélfia, no cargo de Secretário da Embaixada[16].

Nos anos de 20 a 30, Lomonóssov esteve nas embaixadas e missões russas de Paris, Madrid, Londres e Copenhague. Em março de 1835, tornou-se encarregado de negócios, no Brasil[17]. Permaneceu no local cerca de doze anos, até 1848[18]. Em março de 1841, tornou-se Ministro Plenipotenciário e, em dezembro de 1843 foi designado "Enviado Especial e Ministro Plenipotenciário junto... do Imperador do Brasil"[19].

Lomonóssov chegou ao Rio de Janeiro em 15 de julho de 1836[20]. Conhecia perfeitamente o português (segundo testemunho de contemporâneos, falava como um português)[21] e, rapidamente, conquistou grande autoridade no Rio de

---

16. Arquivo da política exterior da Rússia, Departamento da propriedade particular e dos negócios públicos. Negócios particulares dos funcionários entre 1817 e 1856, descrição 464/I, caso 551, fls. 1 verso - 2.

17. *Idem*, fls. 10 verso - 11.

18. *Idem*, fls. 34 verso - 35.

19. *Idem*, fls. 18 verso - 19, 35.

20. Arquivo da política exterior da Rússia, Fundo *Kantzelária*, 1836, caso 177, fl. 2.

21. N. GASTFRIEND, *Továrichtchi Púchkina po Tzarskossélskomu litzéiu (Os colegas de Púchkin no Liceu de Tzárskoie Seló)*, São Petersburgo, 1912, t. I, p. 397.

Janeiro[22]. Era amigo do Imperador D. Pedro II a quem ensinava russo.

Nas cartas que manda do Brasil a inúmeros amigos, Lomonóssov fala da natureza do país, dos acontecimentos políticos, das particularidades dos usos e dos costumes de seus habitantes[23]. Em abril de 1837, Lomonóssov escreve, do Rio de Janeiro, a A. Ia. Bulgákov:

> Nos meses de janeiro e fevereiro, período de calor mais intenso, passei algumas semanas nas montanhas..., cerca de 50 milhas daqui. As montanhas erguem-se majestosas, a 4 mil pés acima do nível do mar. A temperatura é amena, as paisagens são belas. Fiquei em casa de um Almirante inglês, a serviço do Brasil[24].

Numa outra carta, Lomonóssov descreve, em detalhes, a construção da nova residência imperial, em Petrópolis:

> Os trabalhos da futura residência imperial... são extremamente rápidos, graças a três mil colonos alemães que vieram para se enriquecer nas matas virgens. Menos de quatro meses depois da chegada dos primeiros colonos, o forte Chomier* já estava pronto, as matas derrubadas, as terras aradas, as estradas cortadas em todas as direções; crescem os alicerces de pedra...[25]

Em julho de 1842, preparando-se para passar as férias na Rússia, Lomonóssov escreve a A. Ia. Bulgákov:

22. *Idem, ibidem.*
23. N. GASTFRIEND, *op. cit.*, p. 397.
24. Secção de manuscritos da Biblioteca Estatal de V. I. Lenin, URSS, fundo 41 (Bulgákov). Carta de S. G. Lomonóssov a A. Ia. Bulgákov, datada de 12 de abril de 1837, fls. 1 verso – 2. Tradução do francês.

* Este nome está de acordo com o original (N. da T.).

25. *Idem.* Carta de S. G. Lomonóssov a A. Ia. Bulgákov, datada de 28 de outubro de 1845, fl. 1 verso. Tradução do francês.

Creio que a carta chegará apenas algumas semanas antes de mim. Por isto abstenho-me de falar das novidades sobre estas plagas distantes [isto é, o Brasil – L. A. Shur], para ter a possibilidade de contar-lhe tudo de *viva voce*)[26].

As cartas de Lomonóssov do Brasil, assim como as suas narrativas feitas durante as curtas permanências na pátria, difundiam-se bastante e familiarizavam a sociedade russa com o distante país de além-mar.

Assim, por exemplo, o diretor do Liceu de Engelhardt, no dia 12 de setembro de 1841 escreve a F. F. Matiúchkin:

Semana passada, muito me alegrou a longa mensagem do enviado de Lomonóssov, vinda do Rio de Janeiro. Ele está passando bem, está satisfeito com todos e todos estão satisfeitos com ele, tanto aqui, quanto lá[27].

No dia 3 de agosto de 1836, A. Ia. Bulgákov, numa carta que escreve à filha, troca idéias sobre as impressões nele provocadas pela carta de Lomonóssov, escrita durante sua viagem ao Brasil[28].

Na década de 40, Lomonóssov familiarizou os leitores russos com o Brasil, com sua História, com a situação política da época e com a sua cultura, em artigos que foram publicados na revista *Sovremênnik (Contemporâneo)*, fundada em 1836, por Púchkin e editada, depois de sua morte, por P. A. Pletniov.

Em 1839, no *Contemporâneo*, apareceu o artigo "Kartína Brazílii" ("Um Quadro do Brasil"), assinado por V. S.

---

26. *Idem*. Carta de S. G. Lomonóssov a A. Ia. Bulgákov datada de 19 de julho de 1842, fl. 2. Tradução do francês.

27. N. GASTFRIEND, *op. cit.*, p. 393.

28. *Rússkii Arkhiv (Arquivo Russo)*, 1906, n. 11, p. 466.

Poróchin[29]. É bem provável que tenha sido escrito com base em cartas de Lomonóssov. Dizia o seguinte

A fonte principal, na elaboração deste trabalho, foi o manuscrito de um russo que viveu mais de cinco anos no Brasil: sobretudo lhe somos devedores porque o país, do qual aqui se fala, ainda é muito pouco conhecido[30].

V. S. Poróchin frisa, mais de uma vez, que seu artigo nada mais é que "extratos" e "trechos" dos materiais editados por um russo[31]. Partindo do fato de que Lomonóssov fora mandado ao Rio de Janeiro, justamente, em 1835, e, considerando sua participação junto ao *Contemporâneo*, no qual, em 1840-1841 foram publicados dois de seus artigos, pode-se supor que "Um Quadro do Brasil" fora composto a partir das suas cartas.

Em "Um Quadro do Brasil" é descrita uma viagem por mar, da Europa ao Rio de Janeiro, e as primeiras impressões de um estrangeiro em terras tropicais:

Na baía [do Rio de Janeiro – L. A. Shur] há uma floresta de velas de navios; uma grande quantidade de ilhas, cobertas de olorosas palmeiras; na praia – a cidade, os cimos das casas, das capelas, das igrejas e das torres de pedras alvas, imersas no verde, localizadas ao pé das montanhas, que se erguem em anfiteatro, abraçando a baía de todos os lados, sombreando-a com uma espessa mata tropical[32].

29. V. S. P-in [V. S. PORÓCHIN]. "Kartína Brazílii" ("Um Quadro do Brasil"). *Sovremênnik (O Contemporâneo)*, 1839, t. XIII, secção II, pp. 1-58.

30. *Sovremênnik (O Contemporâneo)*, 1839, t. XIII, secção II, pp. 57-58.

31. *Idem*, pp. 6, 58.

32. *Idem*, p. 4.

Mas, já os primeiros encantos provenientes da magnífica paisagem, são obscurecidos, para o viajante, pelos quadros da escravidão negra:

Espiritualmente, diz um viajante russo, de quem extraímos a maior parte deste quadro, – *nota V. S. Poróchin* – fiquei extremamente chocado, na casa de um europeu, pelo modo com que ele tratava seus escravos. Sou incapaz de exprimir quão pouco de humano havia nele: a voz de algoz poderia parecer carinhosa quando comparada com a sua. E, no entanto, ele ainda não estava irado, simplesmente ordenava[33].

De forma viva e descontraída, o autor do artigo familiariza o leitor com a capital do Brasil, descreve curiosidades etc. Quanto à situação dos negros, diz o seguinte:

Parece que nunca falamos o suficiente ao tratarmos do Brasil. Isto não é de se estranhar: cabe-lhe um lugar de absoluto destaque nos seus atrativos inesgotáveis e ilimitados. Já descrevemos a situação do negro: é capaz de provocar lágrimas... Como poderíamos omitir a influência da classe baixa sobre a classe dominante? Ela... deixa marcas profundas, na mentalidade, nos costumes, na educação e, conseqüentemente, no caráter nacional do povo brasileiro[34].

O autor fala do domínio dos estrangeiros (ingleses, franceses, alemães e portugueses) no comércio do país e faz breves comentários sobre alguns fatos históricos. Sublinha que

O Brasil distingue-se dos demais países da América pelo seu título – é o único Império hereditário... Algo feudal, introduzido pelos portugueses[35].

33. *Idem*, p. 6.
34. *Idem*, p. 30.
35. *Idem*, p. 42.

Grande parte do artigo é dedicada ao desenvolvimento cultural. No Brasil

a educação acha-se bastante atrasada. O melhor exemplo seria constituído pelas pessoas mais atuantes e famosas. Assim, a eloqüência nas Câmaras é impregnada de mau gosto. As pessoas cultas limitam-se às traduções do francês, raramente do inglês. Dotados de uma inteligência aguda e vivaz, os brasileiros poderiam ir além; mas aqui, os jovens entram na vida muito cedo, não tendo estudado o suficiente. Por isso, imitam com mais facilidade as sutilezas européias do que entendem os seus fundamentos[36].

Acrescenta que "Dom João VI, expulso de Portugal, permitiu a criação da imprensa; antes tudo era editado em Lisboa"[37].

São muito interessantes suas notas sobre a literatura brasileira. Representa as primeiras impressões independentes do observador russo:

Na jovem literatura ainda há pouca originalidade e poucas obras-primas. Nota-se alguma atividade nas revistas, mas nenhuma delas tem mais de 2 000 assinantes... Em 1835 havia 56 revistas, das quais, cinco científicas... Três delas gozam de maior sucesso: *Aurora* (esgotou-se há pouco) — 800 assinantes, *Diário Oficial* — com 700 assinantes, *Revista do Rio de Janeiro* — 1 900 assinantes. A *Revista da Câmara dos Deputados* não pôde manter-se e fechou[38].

O artigo de S. G. Lomonóssov, "Gongo-Sokko* no Brasil", subscrito com suas iniciais, fala da viagem do autor

---

36. *Idem*, pp. 54-55.
37. *Idem*, p. 56.
38. *Idem*, pp. 56-57.
* Este nome está de acordo com o original (N. da T.).

à Província de Minas Gerais, em 1838. Sobre esta viagem Lomonóssov escreve a A. Ia. Bulgákov:

> A fim de animar minha vida monótona, fui para as montanhas depois de terminadas as Sessões da Câmara. Pretendo visitar a província de Minas Gerais. Logo irei à região diamantífera[39].

Lomonóssov descreve, minuciosamente, o caminho difícil pelo qual os viajantes se deslocam lentamente e compartilha suas impressões sobre a natureza do Brasil, com os leitores, dizendo:

> Afastando-se a dois ou três dias de viagem da costa marítima, pode-se ter uma idéia bastante completa do interior do país. Florestas majestosas, pastos infindáveis, embalados unicamente pela natureza, montanhas, cujas encostas estão cobertas de cafeeiros e os cimos de matas virgens...[40]

Na cidade de Ouro Preto o viajante russo ficou surpreendido com a pobreza da região, outrora tão rica:

> Não se pode deixar de sentir um espanto involuntário ao ver a pobreza reinante nas vizinhanças das minas. Aldeias abandonadas, casas em ruínas, habitantes esfarrapados, em resumo, todos os indícios da destruição e da miséria[41].

Lomonóssov passou um mês e meio no Gongo, propriedade de uma companhia inglesa, exploradora de ouro. Descreve, minuciosamente, a localidade do mesmo nome assim como os costumes ali introduzidos pela companhia. A estes

---

39. Secção de Manuscritos da Biblioteca Estatal de V. I. Lenin, URSS, fundo 41 (Bulgákov). Carta de S. G. Lomonóssov a A. Ia. Bulgákov, datada de 12 de agosto de 1837, fls. 1 – 1 verso. Tradução do francês.

40. *Sovremênnik*, 1840, t. XVIII, parte I. p. 35.

41. *Idem*, p. 37.

costumes, de forma irônica, chamou de "máquina maravilhosamente constituída" que "terá longa duração para os proprietários de tão rendosas posses"[42].

Escreveu ainda um outro texto intitulado "Sobítia v óblosti Pará" ("Eventos da região do Pará"), consagrado a um levante republicano nas regiões hoje correspondentes aos Estados do Pará e do Amazonas.

Em 1833, tivera início um movimento revolucionário da pequena burguesia, de artesãos e de camponeses agregados. Os participantes deste movimento de massas eram chamados, pelos contemporâneos, de "cabanos" (aqueles que nada possuem) e o próprio movimento político, foi chamado "Cabanada" (1833-1839). Do levante participaram escravos negros e indígenas.

O artigo de Lomonóssov, "Notice sur la Révolution du Pará", representa seu relatório oficial a Nesselrode, um pouco retrabalhado[43].

Em abril de 1840, Lomonóssov esteve em Belém, onde coletou materiais para o relatório. Apresentando-o em 3 (15) de fevereiro de 1841, ao Ministério das Relações Exteriores:

Num dos meus relatórios do ano passado, escrito depois de minha volta da viagem que fiz ao longo da costa brasileira, digo... que tenho intenção de elaborar um trabalho sobre a Província do Pará. Agora posso saldar a minha dívida, enviando-lhe, senhor conde, as notas anexas sobre a revolução, cujo palco foi, em 1835-1836, esta maravilhosa parte do Império. Algumas conclusões estatísticas e políticas baseiam-se em fontes cuja validade eu garanto[44].

42. *Idem*, p. 56.
43. Arquivo da política exterior da Rússia, Fundo *Kantzeliária*, 1841, caso 163, fls. 64-83.
44. *Idem*, fls. 63 – 63 verso. Tradução do francês.

É possível que a cópia deste relatório de Lomonóssov, tenha chegado ao redator editorial do *Contemporâneo* através de P. A. Viázemski uma vez que, em 1841, numa das cartas a Pletnióv, ele pergunta: "O que o senhor está fazendo com o manuscristo brasileiro?"[45]

O artigo de Lomonóssov provocou certa reação por parte da censura. Como nele se falava da revolta republicana, o censor, A. I. Freigang, não se decidiu a ficar com a responsabilidade da impressão sozinho e levantou o problema na reunião do Comitê de Censura de São Petersburgo:

Na reunião do Comitê, em 6 de maio de 1841, discutiu-se o problema apresentado ao Comitê pelo censor Freigang: 1) trecho de um artigo crítico do *Contemporâneo*, "Tímon, o Ateniense" que fala da maldição de Tímon ao sair de Atenas; 2) artigo da mesma revista, sob o título "Eventos da região do Pará", no qual se descreve o levante havido nesta região, contra Dom Pedro I[46]. O Comitê achou que o primeiro artigo não deveria ser publicado, mas permitiu a impressão do segundo[47].

Sem dúvida, com base nas considerações dos censores, foi mudado o artigo quando comparado com o relatório oficial de Lomonóssov: o termo subversivo "Revolução", foi substituído por "Eventos".

Depois que foi concedida autorização para imprimir o artigo de Lomonóssov, P. A. Pletnióv, em carta a Ia. K. Grot,

---

45. P. A. PLETNIÓV, *Sotchinênia i perepiska (Obras e Correspondência)*, São Petersburgo, 1885, v. III, p. 393.

46. Há um engano no documento. Trata-se de Dom Pedro II.

47. Arquivo Governamental Central de História Militar da URSS, fundo 777, descrição 1, caso 1597, fl. 2.

em 11 de maio de 1841, refere-se ao mesmo como parte dos que deverão ser publicados no próximo número do *Contemporâneo*[48]. O artigo "Eventos da região do Pará" foi publicado no volume vinte e três do mesmo periódico[49]. Embora as simpatias do autor estivessem, nitidamente, contra os revoltosos, relata muitas coisas interessantes sobre o movimento revolucionário, na Província do Pará. Lomonóssov diz que a força principal dos revoltosos encontra-se nos escravos negros e nos índios. O poder, em Belém, foi tomado pelos irmãos Vinagre sendo que

é extraordinário que no decorrer de quatro meses de domínio deste homem [*Francisco Vinagre* – L. A. Shur] as propriedades particulares dos habitantes locais e dos estrangeiros, assim como a sua liberdade individual, permaneceram intocáveis[50].

Lomonóssov descreve, em detalhes, a evolução dos acontecimentos militares das forças governamentais, a fraqueza de seus comandantes etc. Falando do cruel esmagamento do levante, diz:

a maior parte dos comandantes insurgentes que tomou parte neste drama sangrento morreu de morte violenta ou, até agora, permanece confinada nas masmorras, aguardando o golpe lento do gládio da justiça[51].

Na conclusão, o autor parcimoniosamente se refere à incapacidade do governo brasileiro de dirigir a imensa e distante Província do Pará:

48. Correspondência de I. K. Grot com P. A. Pletnióv, São Petersburgo, 1896, v. 1, p. 349.
49. *Sovremênnik*, 1841, t. XXIII, secção III, pp. 11-34.
50. *Idem*, p. 15.
51. *Idem*, pp. 22-23.

A região do Pará poderia se transformar em magnífico jardim e em paraíso terrestre, caso seus habitantes fossem mais numerosos e mais unidos entre si, do ponto de vista moral, e caso as leis da nação os governassem[52].

52. *Idem*, p. 34.

CAPÍTULO 5

Nos anos de 1840-1850, os temas brasileiros permaneceram populares, à semelhança do que acontecia anteriormente na literatura russa. Não é sem motivo que o comentarista do *Contemporâneo* coloca a seguinte questão retórica:

> Por que, afinal, em algum lugar do Brasil, sob um céu maravilhoso, não há nenhum poeta de primeira grandeza?[1]

Nas "Písma inogoródnevo podpístchika" ("Cartas de um Assinante de Fora"), A. V. Drujínin fala, com certa ironia, da imagem romântica do distante Brasil que estava fortemente inculcada na consciência do leitor russo, dos meados do século XIX:

> ...O Brasil não é ruim... E sua idéia [do leitor, L. A. Shur] começa a esvoaçar entre lianas, bananeiras, bambus e beldades de um moreno áureo...[2]

1. *Sovreménnik*, 1854, n. 11, p. 2 (Secção *Bibliografia*).
2. *Idem*, 1849, n. 11, secção V (Misto), p. 90.

Uma afirmação de N. G. Tchernichévski testemunha a atração que este país exótico, de além-mar, exerce na Rússia, em meados do século XIX:

... Ah como eu gostaria de me deliciar com a paisagem tropical! Partiria agora mesmo para as Índias Ocidentais, para o Brasil, contemplar as matas divinas![3]

Nos anos de 1840-1850, era muito conhecido na Rússia o livro de Jacques Arago, *Vospominánia slepovo. Putechéstvie vokpug svéta (Memórias de um Cego. Viagem ao Redor do Mundo)*[4], no qual muito espaço se dedicava ao Brasil.

Jacques Arago (1790-1855) — escritor e viajante francês — realizou, entre 1817-1820, uma viagem ao redor do mundo. Em 1835 ficou cego. Nas *Memórias de um Cego* descreve o Brasil de 1817-1820, isto é, período anterior à proclamação da Independência. De forma viva e inteligente, o autor fala das belezas naturais do Brasil, dos costumes dos habitantes do Rio de Janeiro. Evidentemente, não poderia deixar de falar na escravidão dos negros. "Em nenhuma parte do mundo os escravos são tão maltratados..."[5], diz Arago e apresenta, diante do leitor, as torturas dos escravos e do seu comércio. Provavelmente, este foi o motivo pelo qual a atenção de V. G. Belínski foi atraída pelo livro *Memórias de um Cego* e fez uma resenha especial do mesmo sendo que só fazia citações dos capítulos referentes ao Brasil.

3. Carta de N. G. Tchernichévski a N. A. Dobroliúbov, datada de 7 (19) de fevereiro de 1861. *In* N. G. TCHERNICHÉVSKI, *Obras Completas*, Moscou, 1949, t. XIV, p. 423.
4. J. ARAGO, *Vospominánia Slepovo. Putechéstvie vokrug svéta (Memórias de um Cego. Viagem ao Redor do Mundo)*. Tradução de P. A. Kórsakov, São Petersburgo, 1844-1845, v. I-II.
5. *Idem*, t. 1, p. 44.

Belínski diz:

Em russo, ainda não houve nenhuma viagem ao redor do mundo que reunisse, por assim dizer, com tal profundidade temática, o interesse romântico. Em ambos os livros deste tipo, como, por exemplo, também no de Dumont d'Urville, há muitas minúcias, interessantes ou compreensíveis apenas para os marinheiros ou então muito longas e monótonas. Nas *Memórias de um Cego* tudo é para todos, tudo é sério, repleto de fatos curiosos, expresso de modo vivaz e atraente. Jacques Arago faz com que esqueçamos o cientista e lembremos o homem. Lendo seu livro adquire-se, imperceptivelmente, um enriquecimento a partir de muitos fatos curiosos e, ao mesmo tempo, pensa-se ter lido um romance magnífico que só nos trouxe satisfação. Para dar idéia do método de sua exposição, eis alguns pequenos trechos que familiarizam com os costumes do Brasil "feliz" — referindo-se à natureza do paraíso terrestre[6].

A seguir, Belínski faz uma série de citações onde se descrevem quadros, realmente terríveis, de tortura e assassinato de negros, ferocidades selvagens dos plantadores e dos comerciantes de escravos. Evidentemente, Belínski não tinha dúvidas de que a descrição da vida dos negros, no Brasil, inconscientemente, obrigaria o leitor a pensar na situação dos servos — os escravos brancos — na Rússia.

O livro de Jacques Arago era constantemente citado por Belínski. Por exemplo, em 1848, numa nota sobre o livro de F. Studítzki — *Putechéstvie vokrug svéta (Viagem ao Redor do Mundo)* — diz que "foi composto a partir das obras de Dumont d'Urville, Arago e outros viajantes de circunavegação"[7]. É interessante notar que no capítulo que fala do

6. *Otétchesvenniie zapíski (A iais Pátrios)*, 1845, t. XXXVIII, n. 1, parte VI, p. 4; V.G. BELÍNSKI, *Obras Completas*, Moscou, 1955, t. VIII, pp. 491-492.

7. *Sovremênnik (O Contemporâneo)*, 1848, t. VII, n. 1, parte III, p. 74; V.G. BELÍNSKI, *Obras Completas*, Moscou, 1959, t. XIII, p. 252.

Brasil, F. Studítzki toma de Arago a descrição do mercado de escravos no Rio de Janeiro[8].

Mais uma vez V. G. Belínski refere-se ao livro de Jacques Arago no panorama da *Rússkaia Literatura v 1845 (Literatura Russa de 1845):*

Das composições beletrísticas, de temática séria, é possível indicar o segundo volume das *Memórias de um Cego,* descrição interessante da viagem de circunavegação de Arago...[9]

O livro de Arago provocou grande interesse e, julgando pela correspondência de Ia. K. Grot com P. A. Pletnióv, era muito lido na Rússia. Ia. K. Grot escreve a P. A. Pletnióv, em 15 de abril de 1851:

Acho que ainda não te falei da leitura que, há muito, entretém a mim e à minha esposa; é um livro dos mais interessantes. Trata-se de *Souvenirs d'un aveugle,* viagem de circunavegação de Arago. Primeiro lemos em russo, mas certos trechos da tradução são ruins e, de modo geral, ela não pode transmitir o original, satisfatoriamente. Conseguimos o original. As narrativas de Arago não só estão repletas de imenso interesse, mas, com freqüência, distinguem-se também por extraordinária retórica[10].

Em 28 de abril de 1851 Pletnióv responde:

8. F. STUDÍTZKI, *Putechéstvie vokrug svéta. Iújnaia Amérika i Antílskie Ostrová (Viagem ao Redor do Mundo. A América do Sul e as Antilhas),* São Petersburgo, 1848, pp. 113-114.

9. *Otétchestvenniie zapíski (Anais Pátrios),* 1846, t. XLIV, n. 1, secção V, p. 18; V. G. BELÍNSKI, *Obras Completas,* Moscou, 1955, t. IX, p. 401.

10. Correspondência de I. K. Grot com P. A. Pletnióv, São Petersburgo, 1886, t. III, pp. 543-544.

Conheço o livro de Arago há muito tempo. É realmente agradável[11].

Nos anos de 1840-1850 continuam aparecendo, na imprensa russa, artigos sobre cultura e literatura brasileiras. Como nos anos de 20-30, a maior parte é extraída de fontes francesas. Mas o seu caráter muda. Ao lado de artigos críticos sobre o desenvolvimento da literatura no Brasil, publicam-se artigos dedicados, especificamente, às obras de escritores brasileiros isolados. Expõem a biografia e as obras do autor que passam a ser analisadas com certas minúcias, e citam-se trechos das mesmas.

Deste tipo é o artigo sobre o poeta brasileiro Teixeira e Sousa (1812-1861), ao que tudo indica, tirado de alguma revista francesa e que apareceu no *Otétchestviennie zapíski (Anais Pátrios)* em 1854[12]. No início do artigo, o autor lamenta que a literatura brasileira ainda seja pouco conhecida na Europa:

Infelizmente, as obras dos autores brasileiros poucas vezes atravessam o oceano, e a Europa nada conhece dos êxitos literários dos povos de além-mar. Aliás, alguns nomes já estão se tornando conhecidos. Silva Alvarenga imita com grande sucesso literaturas estrangeiras; Cláudio Manuel da Costa canta as futuras grandezas do Brasil... Basílio da Gama, Caldas e Carlos* decantam o cristianismo e a natureza. Mais tarde, José Andrada, Saldanha, Evaristo seguem seus passos e na sua lira falta apenas um pouco de inspiração que, afinal, é conseguida por Magalhães, jovem poeta, dotado de grande talento. Entre esses astros da literatura brasileira distingue-se, pelo seu brilho,

---

11. *Idem*, p. 545.

12. *Otétchestvenniie zapíski (Anais Pátrios)*, 1854, t. XCIV, junho, secção VII, pp. 75-78.

* Estes nomes estão de acordo com o original (N. da T.).

um poeta que pode ser invejado por toda Europa, mas cujo nome, provavelmente, ela nunca ouviu. Trata-se de Teixeira e Sousa[13].

O artigo apresenta breve histórico da obra do poeta, indicando suas principais criações:

> Em 1843 editou o primeiro volume de suas poesias, com o título *Cantos Líricos* que causaram uma grande impressão no Rio de Janeiro. Depois escreve mais um volume de versos e um romance *Filho de Pescador* e seu nome passa a ser conhecido e admirado em todo o Brasil. Seu poema "Três dias de um noivado" teve enorme sucesso[14].

Mais adiante, o autor tenta estabelecer os valores da criação de Teixeira e Sousa:

> Teixeira não pertence aos poetas que buscam efeitos e desejam chocar ou comover o leitor. É um poeta lírico no pleno sentido da palavra, mas com uma extraordinária riqueza de idéias e vivacidade de imaginação... Teixeira não se preocupa em abrandar a linguagem, adaptando-a às expressões carinhosas; utiliza todas as riquezas da retórica com vivacidade meridional; todos os matizes da língua, nem sempre poéticos ou líricos, nem sempre nítidos, exatos, surpreendentes, como, por exemplo, o clima, a natureza e o sol do Brasil. Entretanto, lendo seus versos, vemos diante de nós o céu dos trópicos, coalhado por uma infinidade de estrelas; ouvimos o ruído das matas embaladas pelas tempestades; o marulho das ondas do oceano batendo nas rochas; sentimos a respiração ardente da natureza brasileira...[15]

Constam do artigo, traduzidas em prosa, algumas poesias do autor.

A conclusão enfoca o desenvolvimento da dramaturgia no Brasil e diz-se que

---

13. *Otétchestvenniie zapíski (Anais Pátrios)*, 1854, t. XCIV, junho, parte VII, p. 75.
14. *Idem, ibidem.*
15. *Idem*, pp. 75-76.

no drama há pouquíssima originalidade. Entre dramaturgos destacam-se Botelho de Oliveira que traduziu *Mérope*, de Voltaire; Antônio José, autor de muitas comédias apreciáveis e, finalmente, Magalhães que está traduzindo Arno e Dussy. Mais um escritor, Sousa Silva, adaptou *Marino Fallier* de Delavigne e *Romeu e Julieta* de Sully [16].

Acrescenta ainda que "esta influência [da literatura francesa — L. A. Shur] não pode continuar e que a literatura brasileira logo há de se tornar independente" [17]:

Todas as literaturas jovens começam por imitar e traduzir e, só mais tarde, tornam-se originais e independentes. Pode muito bem acontecer que, com o tempo, surgirá no Brasil um novo Cooper, um Walter Scott que colocará a sua literatura no mesmo nível das demais, sobretudo se ela conservar seu caráter nacional [18].

É digno de nota a existência da expressão sobre "um dos escritores brasileiros", que, no dizer da revista, "define magnificamente o nacionalismo" [19] (isto é, as particularidades nacionais da poesia brasileira):

Grandiosas matas, mal tocadas pela infiltração da luz, escondem sob a sua sombra, um povo de heróis, cujos atos de bravura clamam por poetas. Os europeus abrandaram um pouco o rigor de seus hábitos. Os heróis nativos tinham seus próprios cantos bélicos, que entoavam alto, ao som de seus instrumentos, chamados muremure. Estavam eternamente em guerra e toda a sua riqueza consistia em um arco com flechas, de uma vasilha de barro, de uma concha, de um cão e de redes. O morador dos bosques dormia nas redes, bebia nas conchas, fazia seus alimentos no recipiente de barro, caçava com o cão e se defendia com as flechas. Tal era a vida dos primitivos habitantes

16. *Idem*, p. 77
17. *Idem*, p. 75.
18. *Idem*, p. 77.
19. *Idem, ibidem.*

do Brasil que utilizavam as dádivas da natureza... Os usos, os costumes, as crenças deste povo, com imaginação extremamente criativa, dão alimento fartíssimo à poesia... Seu deus principal tinha o nome de Tupã e se apresentava em duas formas: Tupãberada, o raio, e Tupãcununga, o trovão. Maragigana é uma visão terrível que aparece na hora da morte, mas que pode ser aplacada por meio de oferendas. Sassicapere é um maravilhoso pássaro que trás para os vivos notícias dos mortos, amigos ou parentes, e comunica aos mortos os pedidos e as queixas dos vivos. Macacheira é um gênio bom que guarda os viajantes dos perigos[20].

No início dos anos cinqüenta, aparece na imprensa russa o primeiro artigo consagrado ao desenvolvimento das artes plásticas no Brasil[21]. Fornece aos leitores as primeiras informações sistemáticas sobre a arte brasileira, depois da conquista da independência. No artigo, certamente traduzido de uma revista francesa, fala-se do desenvolvimento da pintura acadêmica no Brasil depois que, em 1816, vieram da França, a convite de Dom João VI, os pintores Lebreton, Debret, os irmãos Taunay e outros. Mas nem todos permaneceram no Brasil e, por isso, só foi possível abrir a Academia de Artes em 1826. O artigo afirmava: "Desde então a pintura atingiu algum sucesso no Brasil"[22].

Apresentam-se as características de alguns pintores brasileiros e de seus quadros:

Entre os paisagistas brasileiros é preciso lembrar, em primeiro lugar, Araújo Porto Alegre, professor de paisagismo histórico, na Academia. É um gênio original... Expôs um enorme quadro que representa Hércules na fogueira...[23]

20. *Idem, ibidem.*
21. "Khudójestva v Brasílii", *Biblioteka dlia tchténia* ("As Artes no Brasil", *Biblioteca de Leitura*), 1851, t. 109, parte VII (Misto), pp. 7-13.
22. *Idem*, p. 8.
23. *Idem*, p. 9.

O autor fala do "quadro histórico" do artista Lima que

representa um governador português enviado ao Brasil, quando ainda era colônia européia. Tendo recebido, em Lisboa, ordens para queimar as plantações de cana-de-açúcar de algumas províncias e não querendo cumpri-las, o governador incendeia suas propriedades na presença de enviados da Corte portuguesa. Neste quadro, o colorido das figuras... é bem forte; o efeito é amplo e mostra certa leveza na execução, mas o conjunto é fraco[24].

Refere-se também ao jovem pintor Mafra, discípulo da Academia do Rio de Janeiro, que dedicou uma de suas obras ao destacado poeta, Tomás Antônio Gonzaga, representando

o grande poeta brasileiro, Gonzaga, degredado para as plagas africanas, no momento em que, no êxtase da inspiração, compõe seus versos harmônicos, repletos de amor[25].

No final do artigo fala-se das obras de pintores franceses e italianos residentes no Brasil. Na conclusão, diz-se que

o jovem brasileiro, que supera muitos países europeus em muitos outros pontos, mal está ensaiando os primeiros passos no campo das artes[26].

Apesar de breve e panorâmico, o artigo possibilita aos leitores russos, dos meados do século XIX, se familiarizarem, de maneira geral, com a arte do longínquo Brasil.

O período correspondente ao século XVIII e início do XIX pode ser considerado como sendo a pré-história das relações literárias e culturais entre a Rússia e o Brasil. Após

24. *Idem*, pp. 9-10.
25. *Idem*, p. 10.
26. *Idem*, p. 11.

1820, começam a ampliar-se os contatos entre os dois países. Nesta época, inúmeros viajantes russos põem os leitores em contato com o Brasil, com sua História e Cultura, constituindo-se, por isso mesmo, em intermediários das relações literárias e culturais. No entanto, mesmo nos anos de 1820-1850, a literatura e a cultura brasileiras, ainda eram insuficientemente conhecidas na Rússia. A familiarização com a literatura brasileira era feita, basicamente, através da literatura francesa. Por isso, o período de 1820-1850 pode corresponder, praticamente, ao estabelecimento dos primeiros contatos.

Na década de 1870-1880, notícias sobre a literatura brasileira aparecem nos livros de História da Literatura Universal. Assim, em 1878, no livro de V. R. Zótov, intitulado *História da Literatura Universal*, encontra-se um breve apanhado da literatura brasileira do século XIX; menciona-se Gonçalves de Magalhães, Gonçalves Dias e outros. Apresenta-se a tradução de uma das poesias de Gonçalves Dias, do seu livro *Cantos* (1857)[27]. Na *Vseóbchtchia Istória Literatúri (História Geral da Literatura)*, publicada em São Petersburgo, em 1880-1892, também há referências à Literatura, às criações do escritor Porto-Alegre, Gonçalves Dias e outros[28]. Finalmente, em 1891, no *Entziklopedítcheski Slovár (Dicionário Enciclopédico)* de F. A. Brokhaus e I. A. Efron, aparece um breve apanhado sobre o desenvolvimento da Literatura Brasileira nos séculos XVI-XIX[29].

---

27. V. R. ZÓTOV, *Istória Vsemírnoi Literaturi (História da Literatura Universal)*, São Petersburgo, 1878, t. II, pp. 695-696.

28. *Vseóbchtchaia Istória Literatúri (História Geral da Literatura)*, redatores V. F. Korch e A. Kirpítchnikova. São Petersburgo, 1892, t. IV, p. 900.

29. "Brazílskaia Literatura" ("A Literatura Brasileira"), *in Entziklopedítcheski Slovár (Dicionário Enciclopédico)* de F. A. Brokhaus e I. A. Efron. São Petersburgo, 1891, t. 8, pp. 547-549.

No final do século XIX, início do XX, aparecem as primeiras traduções dos escritores brasileiros, a partir do original (Artur Azevedo, Henrique Maximiliano, Coelho Neto e outros), inicia-se um conhecimento mais amplo da literatura brasileira por parte dos leitores russos.

Mas, só nos últimos 20 ou 25 anos foram traduzidas e editadas na URSS as melhores obras dos clássicos brasileiros dos séculos XVIII-XIX: Tomás Antônio Gonzaga, Joaquim Machado de Assis, Castro Alves, Aluísio de Azevedo, Manoel Antônio de Almeida, José de Alencar, Lima Barreto e outros. Dentre os escritores do século XX destacam-se: Graciliano Ramos, José Lins do Rego, Monteiro Lobato, Jorge Amado, Afonso Schmidt, Guilherme de Figueiredo[30]. Nos últimos anos teve início o estudo sistemático da História da Literatura Brasileira.

---

30. L. A. SHUR, *Khudójestvennaia literatura Latínskoi Amériki v rússkoi petcháti (A Literatura Latino-Americana na Imprensa Russa (1960-1964)*, Moscou, 1966; I. A. TERTERIAN, "Brazílskaia literatura v SSSR" ("A Literatura Brasileira na URSS"), *in Brazília (Brasil)* (coletânea de artigos), Moscou, 1963, pp. 513-524.

COLEÇÃO ELOS

1. *Estrutura e Problemas da Obra Literária*, Anatol Rosenfeld.
2. *O Prazer do Texto*, Roland Barthes.
3. *Mistificações Literárias: "Os Protocolos dos Sábios de Sião"*, Anatol Rosenfeld.
4. *Poder, Sexo e Letras na República Velha*, Sergio Miceli.
5. *Do Grotesco e do Sublime*, Victor Hugo (Trad. e Notas de Célia Berrettini).
6. *Ruptura dos Gêneros na Literatura Latino-Americana*, Haroldo de Campos.
7. *Lévi-Strauss ou o Novo Festim de Esopo*, Octavio Paz.
8. *Comércio e Relações Internacionais*, Celso Lafer.
9. *Guia Histórico da Literatura Hebraica*, J. Guinsburg.
10. *O Cenário no Avesso*, Sábato Magaldi.
11. *O Pequeno Exército Paulista*, Dalmo de Abreu Dallari.
12. *Projeções: Rússia/Brasil/Itália*, Boris Schaniderman.
13. *Marcel Duchamp ou o Castelo da Pureza*, Octavio Paz.
14. *Os Mitos Amazônicos da Tartaruga*, Charles Frederik Hartt (Trad. e Notas de Luís da Câmara Cascudo).
15. *Galut*, Itzhack Baer.
16. *Lenin: Capitalismo de Estado e Burocracia*, L. M. Rodrigues e O. de Flore.
17. *Círculo Linguístico de Praga*, Org. J. Guinsburg.
18. *O Texto Estranho*, Lucrécia D'Aléssio Ferrara.
19. *O Desencantamento do Mundo*, Pierre Bourdieu.
20. *Teorias da Administração de Empresas*, Carlos Daniel Coradi.
21. *Duas Leituras Semióticas*, Eduardo Peñuela Cañizal.
22. *Em Busca das Linguagens Perdidas*, Anita Salmoni.
23. *A Linguagem de Beckett*, Célia Berrettini.
24. *Política e Jornalismo*, José Eduardo Faria.
25. *Idéia do Teatro*, José Ortega y Gasset.
26. *Oswald Canibal*, Benedito Nunes.
27. *Mário de Andrade/Borges*, Emir Rodríguez Monegal.
28. *Política e Estruturalismo em Israel*, Ziva Ben-Porat e Benjamin Hrushovski.
29. *A Prosa Vanguardista na Literatura Brasileira: Oswald de Andrade*, Kenneth D. Jackson.
30. *Estruturalismo: Russos x Franceses*, N. I. Balachov.
31. *O Problema Ocupacional: Implicações Regionais e Urbanas*, Anita Kon.

32. *Relações Literárias e Culturais entre Rússia e Brasil*, Leonid A. Shur.
33. *Jornalismo e Participação*, José Eduardo Faria.
34. *A Arte Poética*, Nicolas Boileau-Despreux (Trad. e Notas de Célia Berrettini).
35. *O Romance Experimental e o Naturalismo no Teatro*, Émile Zola (Trad. e Notas de Célia Berrettini e Italo Caroni).
36. *Duas Farsas: O Embrião do Teatro de Molière*, Célia Berrettini.
37. *A Propósito da Literariedade*, Inês Oseki-Dépré.
38. *Ensaios sobre a Liberdade*, Celso Lafer.
39. *Leão Tolstói*, Máximo Gorki (Trad. de Rubens Pereira dos Santos).
40. *Administração de Empresas: O Comportamento Humano*, Carlos Daniel Coradi.